Le bonheur au travail

Couverture
- Illustration:
  MICHEL BÉRARD
- Maquette:
  MICHEL BÉRARD

Maquette intérieure
- Conception graphique:
  JEAN-GUY FOURNIER

Eugène Houde

Le bonheur au travail

FORMATION 2000 Inc.

7495 MARISA
BROSSARD, QUÉ., J4Y 1J7

Du même auteur: Émotivité et Efficacité au Travail, Formation 2000 Inc., Brossard, Qué. 1989.

Aider mon patron à m'aider, Les Éditions de L'Homme, Montréal, 1982.

Courage et Discipline au Travail, Les Éditions de L'Homme, Montréal, 1983.

Bibliothèque Nationale du Québec
Dépôt légal — 1er trimestre 1996

ISBN 2-981368-5-9

À mon fils Bernard
...à toi qui exiges si peu,
qui désires beaucoup,
et qui sais agir pour atteindre
tes objectifs.

Introduction

Ayant constaté combien le bonheur au travail est indissociable de la philosophie que l'on s'en fait, et ayant vu combien chacun y aspire, j'ai pensé qu'il était temps d'en parler. Or, peu de gens osent écrire sur le bonheur au travail, même si c'est une préoccupation majeure pour chacun et même si l'on y parle beaucoup de relations humaines et de participation, car l'on craint de contredire le grand principe selon lequel l'entreprise n'existe pas pour rendre les gens heureux mais pour produire.

Comme ce principe est également pour moi d'une vérité éclatante, je suis surpris que ceux qui y adhèrent avec le plus de vigueur prennent souvent les mauvais moyens pour accéder à une efficacité maximale. Ils affirment d'une part qu'il faut diriger une entreprise objectivement, sans se laisser mener par ses émotions, ce en quoi ils ont entièrement raison, mais d'autre part ils ne voient pas que, pour ne pas se laisser mener par ses émotions, il faut précisément savoir maîtriser ses émotions et se constituer soi-même une philosophie du bonheur.

J'ai donc essayé de présenter dans ce court volume ce que j'estime être les principaux éléments du bonheur au travail, aussi bien pour les dirigeants que pour les dirigés. Comme dans Émotivité et efficacité au travail et Aider mon patron à m'aider, j'utilise la technique du roman à thèse. Roman parce que je crée le personnage fictif de Jules qui, à travers des aventures vraisemblables mais fictives, devient *pour moi un porte-parole efficace. Cette approche me permet d'illustrer les enseignements d'une philosophie exception-nelle appliquée aux milieux de travail et de les rendre acces-sibles à tous. Thèse parce que je veux convaincre le lecteur, parce que j'y crois et parce que j'essaie de vivre moi-même selon ces principes, même si j'y arrive bien imparfaitement.*

J'espère que cette philosophie sera partagée par le plus grand nombre possible, pour que les gens soient plus heu-reux à leur travail et que leur efficacité s'en ressente.

Chapitre I

Et si Maslow s'était trompé...

Je m'appelle Jules. Je dirige une équipe de plus de deux cents employés dans une entreprise de distribution alimentaire. J'ai toujours été partisan de la manière forte pour diriger des employés et j'ai toujours cru que les gens avaient besoin d'être motivés par la carotte et le bâton et que «la crainte est le commencement de la sagesse», puisqu'ils sont improductifs dès que le patron a le dos tourné. J'ai appliqué ma philosophie systématiquement pendant des années, jusqu'à ce que mon propre patron, le directeur général, me fasse venir à son bureau, il y a de cela cinq ans, en pleine campagne d'organisation syndicale dans la compagnie, pour me dire qu'il était temps que je change, que les humains ne pouvaient plus être menés par la carotte et le bâton. Il me fit part du fait que mon image ternissait à vue d'oeil dans l'entreprise, que mes subordonnés me craignaient et que plusieurs même me détestaient. Il attribuait même à ma mauvaise gestion la campagne d'organisation syndicale qui était en cours. Il conclut en me disant que ça ne pouvait pas continuer ainsi, que j'aurais avantage à traiter tous ceux qui m'entourent comme des humains et que j'aurais intérêt à étudier et à respecter la théorie des besoins de Maslow, sans quoi il se verrait dans l'obligation de me rétrograder ou même de me congédier.

J'avais donc le mandat clair et net de me faire aimer par mon entourage. Comme il y allait de mon emploi, je pris l'avertissement très au sérieux et je me mis résolument à la tâche de découvrir Maslow et ses besoins, pour ensuite essayer d'appliquer ces principes à mon travail de gestionnaire et de motiver ainsi mes subordonnés.

Je lus donc *Motivation and Personality* de Maslow (Harper & Row, New York, 2ème éd., 1970). Je trouvai sa théorie pleine de bon sens. Je constatai que les besoins physiologiques tels manger et dormir sont primordiaux et qu'ils constituent la motivation première de toute personne humaine, bien avant les autres besoins tels le besoin de sécurité et le besoin d'amour. J'étais de plus d'accord avec sa conception de la hiérarchie des besoins, les besoins physiologiques devant être raisonnablement satisfaits avant que n'émergent les besoins de sécurité, puis les besoins d'amour, d'estime de soi et de considération de la part des autres, et enfin les besoins d'accomplissement personnel.

Je m'attachai donc dorénavant à vouloir satisfaire les besoins de mes subordonnés, ayant bien compris que mes subordonnés seraient motivés par leur désir de combler leur manque de sécurité, leur manque d'estime d'eux-mêmes et d'appréciation de ma part, ainsi que leur manque d'accomplissement personnel, puisque l'insatisfaction de ces besoins motive notre comportement.

Vivaient-ils dans l'insécurité? Pardieu oui! Leur anxiété était évidente. C'est la peur du patron que j'étais qui les faisait marcher. Pendant plusieurs années, je leur avais signifié à maintes reprises que j'étais le patron et que j'avais tous les droits. Quant à eux, ils n'avaient que des devoirs: ils devaient arriver à temps, respecter leurs quotas de production, m'informer le premier de tout ce qui se passait et se conformer en tous points aux règlements de la compagnie. Oh! ils avaient déjà essayé de se protéger en formant un syndicat, deux ans auparavant, mais leur tentative avait avorté car ma vigilance m'avait amené à multiplier les contacts avec chacun pour mieux les surveiller et leur faire sentir que je trouverais un moyen de me venger. Leur première tentative ayant échoué, les meneurs du groupe ne s'étaient pas tenus pour battus et je n'avais pu réussir à me débarrasser d'eux avant qu'ils organisent leur deuxième tentative.

Au début de cette deuxième tentative d'organisation syndicale, j'avais adopté le même comportement qui m'avait si bien servi lors de la première campagne et j'avais essayé d'intimider les employés, en voyant toutefois à ce que mon jeu soit assez discret pour que je ne risque pas d'être accusé d'intimidation. Or, malgré mes efforts, le syndicat s'était organisé très rapidement. Il ne s'était même pas écoulé trois semaines entre les premières rumeurs et la signature des cartes de membres par une majorité des employés. Mon patron, qui n'était pas friand de syndicats lui non plus, m'attribuait la responsabilité de cette organisation syndicale que j'abhorrais. Tout ça parce que je n'avais pas su tenir compte des besoins de mes subordonnés. J'étais donc bien décidé à en tenir compte à l'avenir.

J'entrepris donc de les sécuriser en intervenant le moins possible dans l'organisation de leur travail, en cessant de passer des remarques sur leurs retards et en fermant les yeux sur les quotas de production non respectés. Ils semblèrent interpréter mon attitude comme étant inspirée par la peur que je pouvais avoir de leur syndicat et ils augmentèrent donc leur taux de délinquance relativement aux retards et aux quotas de production. Leur syndicat était dorénavant là pour les protéger et ils semblaient bien vouloir en profiter: c'était leur première sécurité.

Je me dis alors que, malgré tout, ils manquaient peut-être encore de sécurité, étant donné l'absence d'ordre et de respect des règlements dans l'entreprise, ces derniers créant habituellement une norme relativement sécurisante pour tous. Je recommençai donc à serrer la vis dans l'application des règlements et des normes de production pour me voir aussitôt acculé à quantité de griefs non désirés. Ces griefs ne pouvaient décidément pas m'aider à redorer mon blason auprès du directeur général, mon patron. En essayant de répondre à leur besoin de sécurité, je m'aperçus donc que j'étais en train de nuire à mon propre besoin de sécurité et à mon besoin d'appréciation de la part de mon patron.

Comment donc concilier leurs besoins et les miens? Ils me semblaient totalement opposés. D'une part, je voulais tellement répondre à leurs besoins que j'en étais devenu anxieux. D'autre part, je négligeais tellement mes propres besoins en m'occupant des leurs que j'en étais devenu dépressif. Je me disais que j'étais beaucoup plus heureux quand je dirigeais en autocrate et que je devrais peut-être revenir à mon comportement antérieur. Toutefois, la mise en garde de mon patron m'en empêchait. Aussi décidai-je de continuer à essayer de respecter leurs besoins.

Ont-ils besoin d'être appréciés de leur patron? Il paraît que tous les employés ressentent ce besoin, du moins après avoir raisonnablement satisfait les besoins antérieurs. Et puisque Maslow dit que chacun a besoin d'être aimé et de se sentir apprécié par son entourage, et que chacun a besoin de prestige, ça doit être vrai. Les employés de mes services ayant raisonnablement satisfait leurs besoins physiologiques, et également leur besoin de sécurité, surtout depuis l'avènement de leur syndicat, il était normal qu'ils recherchent l'approbation et le prestige, ce que j'entrepris de leur distribuer à pleines poignées. Je fis donc un effort spécial pour remarquer tout ce qui se faisait de bien et pour le souligner à chaque fois au moyen de compliments, de louanges ou de tapes amicales dans le dos. Je croyais alors être payé de retour par une appréciation qu'on me témoignerait également, mais je fus assez vite ramené à la réalité par des accusations d'hypocrisie et de lèche-bottines. Si mes subordonnés avaient besoin d'appréciation, ils semblaient pouvoir facilement se passer de la mienne.

Je remarquai par ailleurs que chacun recherchait l'approbation de ses chefs syndicaux avant de poser des gestes pouvant entraîner des conséquences. J'en conclus qu'ils avaient fait de leur syndicat leur nouveau milieu de travail, et que je n'étais plus le vrai patron, ayant été remplacé dans les faits par le syndicat. J'observai donc le comportement de mes subordonnés à l'égard de leurs chefs syndicaux et je remarquai que la relation entre les membres et les chefs du syndicat était elle-même influencée par la hiérarchie des besoins telle que décrite par Maslow. Chacun recherchait sa sécurité et essayait d'être approuvé par l'autre, tout en retirant un maximum de prestige de son entourage. Je remarquai également qu'aucun d'eux ne semblait jamais satisfait de rien, à l'intérieur du syndicat comme à l'intérieur de mes services. Je comprenais très bien qu'un besoin satisfait n'entraîne plus aucune motivation et qu'on cherche toujours à combler de nouveaux besoins, mais je ne pouvais accepter que les gens soient d'éternels insatisfaits et qu'ils ne puissent se mettre au diapason des contraintes que nous impose la vie. Je devins donc très conscient des énormes contraintes qui pesaient sur les épaules des chefs syndicaux, contraintes qu'eux-mêmes se créaient d'ailleurs en multipliant leurs promesses insensées. Car, à les entendre, ils obtiendraient le paradis pour leurs membres. Or, de qui étaient-ils sensés obtenir ce paradis? De la compagnie elle-même pour laquelle ils travaillaient, compagnie que je savais incapable de leur fournir ce paradis, pour la bonne raison que la concurrence sur le marché le lui interdisait. Et comment satisfaire tout le monde si chacun désire un salaire et une dignité de président?

De moins en moins motivé à essayer de motiver mes subordonnés, j'essayai de découvrir si la motivation des employés rencontrait d'aussi grands problèmes dans d'autres entreprises. Je me demandais en fait si Maslow ne pourrait pas s'être trompé en élaborant une théorie des besoins qui suppose une éternelle insatisfaction des gens. Comment alors rendre des employés conscients des contraintes vécues par les entreprises, par leurs patrons, et donc indirectement par eux-mêmes? Comment, en fait, réussir à les motiver? En me basant sur la théorie de Maslow, j'avais essayé de répondre à chacun des besoins fondamentaux de mon groupe de subordonnés, et je n'avais rencontré que déception. Serait-ce qu'on ne peut motiver une autre personne, seule la personne concernée pouvant se motiver elle-même? Comment faire pour que les gens soient heureux à leur travail? Est-ce trop espérer des humains? Ne seraient-ils que d'éternels insatisfaits? Ou la théorie de Maslow serait-elle une excellente base de travail qu'il suffirait d'ajuster légèrement pour qu'elle devienne opérationnelle et utile? Car je constate qu'aujourd'hui plusieurs personnes dans les entreprises ne jurent que par Maslow et affirment ex cathedra qu'il faut absolument connaître et respecter chacun des niveaux de besoins qu'il a identifiés chez les humains. Serait-ce que Maslow les a rendus plus conscients de leurs propres besoins et des besoins des autres, et que cette prise de conscience a créé des attentes impossibles à combler? Et si l'on réussissait à donner à tous ceux qui oeuvrent dans un milieu de travail une meilleure définition du bonheur, cela ne pourrait-il pas leur servir à mieux se motiver eux-mêmes, et de façon beaucoup plus réaliste?

Dans son ouvrage intitulé *Gaspillage du capital humain dans l'entreprise* (Marabout Monde Moderne, 1974), Raphaël Mahaux relève, suite à une enquête approfondie, de grandes insatisfactions chez les cadres à l'égard de leurs patrons: mauvais état d'esprit, manque d'information, mauvaise communication, manque de liberté d'action, mauvaise structure, mauvaise définition de fonctions, manque de confiance, manque de psychologie élémentaire, manque de dialogue, manque d'organisation, impossibilité de se réaliser, peur d'être dépassé par ses collaborateurs et de se sentir frustré et amoindri (page 77). Par ailleurs, comme quoi personne n'est satisfait, il énumère une série de griefs des patrons à l'égard de leurs cadres: «Ils me donnent toujours des informations incomplètes» (page 79), «je ne peux me fier à personne» (page 79), «ils ne savent pas commander» (page 79), «ils manquent d'ordre et de discipline» (page 80), «absentéisme» (page 82), «intéressés à leur salaire, pas au profit de la compagnie» (page 84), «les patrons se sentent seuls» (page 88). De telles énumérations de griefs réciproques entre cadres et grands patrons ne sont-elles pas l'indice d'une mauvaise définition du bonheur qu'on croit pouvoir retirer de son travail? N'est-il pas alors urgent de mieux définir ce qu'est le bonheur au travail afin que chacun puisse utiliser cette définition comme règle de conduite et comme philosophie de vie?

Mais l'on peut puiser également des données intéressantes dans des études plus récentes sur la motivation. Dans un ouvrage paru en 1980 et intitulé *La participation dans les entreprises,* Pierre D'Aragon, Gilbert Tarrab et Donald V. Nightingale rapportent les résultats d'une vaste enquête menée auprès de plus de 2000 gestionnaires et ouvriers québécois. Ils y font ressortir ce qu'amène la participation comme élément de motivation dans les entreprises: plus de sens des responsabilités, plus d'engagement et d'implication, plus de cohésion, une meilleure coordination dans la maîtrise des conflits, une attitude plus positive à l'égard de la direction, enfin une plus grande satisfaction au travail. Il semble donc que, de façon générale, l'entreprise basée sur la participation permet de réaliser beaucoup mieux certains désirs des employés, et qu'ils sont dans l'ensemble plus heureux.

La même étude nous révèle des données encore plus intéressantes lorsqu'elle compare les «jeunes» (les moins de 30 ans) aux «vieux» (les plus de 30 ans):

«On remarque notamment que les vieux retirent plus de satisfaction de leur milieu de travail, qu'ils agissent plus ensemble pour résoudre les conflits, qu'ils ont un sentiment de responsabilité plus développé vis-à-vis de leur travail, qu'ils ont des valeurs plus positives quant au dur labeur des gens et à leur honnêteté et que les choses vont mieux quand chacun s'occupe de ses affaires. D'autre part, les jeunes perçoivent le changement de façon négative, ont le sentiment d'être toujours surveillés, se sentent aliénés par le cours des événements; ils ont également plus de satisfaction dans leur vie personnelle et se préoccupent peu de l'avenir de l'entreprise dans laquelle ils sont affectés. (...) On remarque que, chez les vieux, l'attitude envers la supervision et la direction est nettement plus positive. (...) D'autre part, les vieux font davantage état d'un sentiment de responsabilité vis-à-vis de leur groupe de travail, de leur secteur et de toute l'usine et ils valorisent davantage l'honnêteté des gens et le fait qu'ils travaillent fort. (...) Un autre aspect qui différencie les jeunes et vieux est qu'on ressent plus vivement chez les premiers un réel sentiment d'aliénation sur le cours des événements; on croit ne rien pouvoir y faire. (...) Ce qui distingue finalement les jeunes des vieux est que ces derniers se disent généralement satisfaits » (pages 105 et 106).

Comment expliquer de telles différences entre «jeunes» et «vieux», sinon par le réalisme et la maturité que les «vieux» peuvent apporter à leur travail? Ayant des exigences plus réalistes, il semble qu'ils soient également plus heureux. Ce sont là des éléments importants d'une définition du bonheur au travail.

C'est devant des données semblables que ma réflexion s'amorçait. Je voyais peu à peu émerger une image, peut-être un peu floue, de ce que pouvait être le bonheur au travail. Car je voyais bien qu'il existait des gens heureux à leur travail comme certains le sont dans leur vie privée. Ce qui me frappait chez ces gens, c'est que, peu importe leur rang dans la hiérarchie, ils semblaient se contenter de choses simples. Le bonheur serait-il donc dans la simplicité? Et le bonheur de chacun, au travail comme dans sa vie privée, ne dépend-il pas d'abord d'une bonne philosophie de vie, d'une idée assez exacte de ce peut représenter le bonheur? Et si le bonheur dépend de l'idée même que l'on s'en fait, peut-on travailler sur ses propres idées pour réussir à bâtir soi-même son propre bonheur?

Mes réflexions d'alors sont d'ailleurs corroborées par des études qui insistent sur les différences individuelles. Deux travailleurs différents ne réagiront pas de la même façon devant la même tâche.

On s'attache trop souvent à vouloir à tout prix trouver dans les tâches elles-mêmes les éléments du bonheur des individus. On se demande alors, devant des individus qui sont malgré tout malheureux dans un milieu de travail qui semble parfait: mais qu'ont-ils donc à se plaindre, n'ont-ils donc pas tout pour être heureux? On se pose la même question devant des gens célèbres et riches, ayant la beauté et la gloire en héritage, et dont on annonce un jour le suicide: «Ils avaient pourtant tout pour être heureux». On est naturellement porté à identifier le bonheur à l'avoir, aux possessions, aux richesses et à la gloire.

Or, devant des besoins matériels qui semblent infinis, Peter Drucker remarque (dans *Management*, page 239) que le rôle du manager d'aujourd'hui est de modérer les exigences des gens et de refréner leurs appétits. Il signale que les désirs de biens matériels, de revenus et de richesses sont tellement élevés que l'économie moderne se retrouve avec un problème d'inflation permanente, et que cela oblige les administrateurs à faire de grands efforts pour diminuer les attentes et le recours aux éléments de motivation à caractère économique.

Peut-on, à la lumière de ces réflexions, tenter de définir ce qu'est le bonheur au travail? Le bonheur pourrait-il être favorisé en favorisant la participation? Le bonheur peut-il être obtenu en travaillant à diminuer ses propres besoins, donc par la simplicité? Ou se situe-t-il dans le réalisme et la maturité? Est-ce que Maslow se serait trompé, dans sa théorie des besoins, et si oui en quoi s'est-il trompé?

Chapitre II

Le bonheur: l'écart entre mes exigences et la réalisation de mes désirs

Si Maslow s'est trompé, je peux me permettre de bâtir mon bonheur à ma façon, sans tenir compte de tous ces besoins qui n'en finissent plus de surgir. S'il est vrai que, selon la définition du dictionnaire Larousse, le bonheur est un «état de parfaite satisfaction intérieure», alors aussi bien dire que le bonheur n'existera pour personne en ce bas monde, puisque la perfection n'est pas de ce monde. Nous ferions donc mieux de modifier légèrement cette définition du Larousse, comme suit: le bonheur est un état de satisfaction intérieure. Nous pouvons être moins heureux à certains moments et plus heureux à d'autres moments, mais rarement parfaitement heureux en ce sens que, avec le bonheur parfait, nous n'aurions plus aucun désir.

Comme par ailleurs il s'agit d'une satisfaction *intérieure,* je pourrai arriver à contrôler mon bonheur si je réussis à contrôler mon intérieur, mon esprit, mes pensées. Or, est-ce possible de contrôler notre esprit? Certains prétendent que c'est impossible. Prenons par exemple le déterminisme biologique du professeur Laborit présenté d'une façon vraiment admirable dans le film «Mon oncle d'Amérique». Ce film est d'autant plus dangereux comme enseignement qu'il est beau à voir et qu'il est si bien construit. Le professeur Laborit transpose directement chez les humains des études qu'il a faites sur des rats, et il revêt même parfois de têtes de rats les personnages humains qui jouent dans ce film pour bien montrer la transposition littérale. Or, ses conclusions dans le film, conclusions que je ne peux citer textuellement, sont essentiellement les suivantes: une première fonction du cerveau oriente l'individu vers tout ce qui est nécessaire à la survie, comme manger et dormir. Jusque-là, pas de problème. Une deuxième fonction du cerveau incite l'individu à reproduire tout ce qu'il a aimé dans son expérience passée. Une troisième fonction l'amène à fuir et à éviter tout ce qu'il n'a pas aimé dans son expérience passée. Et enfin une quatrième fonction l'oriente vers l'inhibition et la paralysie devant une situation qu'il se sent incapable d'éviter ou d'affronter, ce qui peut même le conduire au suicide. Ce qui revient à dire, en somme, que nous serons toujours, dans la vie, ce que nous avons été dans notre petite enfance. Or, l'on sait par expérience que les êtres humains peuvent changer, et changent en effet, et que certains deviennent même très différents de ce qu'ils ont été dans leur petite enfance (il serait plus exact de dire qu'ils demeurent toujours les mêmes, mais que leur comportement change). Cela ne veut pas dire que la petite enfance n'a pas d'importance dans l'élaboration du monde intérieur de l'adulte, mais que, tout en étant importante, l'influence de la petite enfance peut être contrecarrée en travaillant sur notre esprit.

Mais pour cela, il faut d'abord vouloir travailler sur notre esprit et être prêt à payer le prix d'efforts toujours renouvelés pour obtenir le résultat recherché. Cela devient une seconde nature à force de pratique. C'est ce que j'ai appris avec mon groupe de subordonnés, il y a cinq ans, lorsque j'étais devenu anxieux et déprimé devant leurs besoins infinis, besoins que j'essayais en vain de combler. Si j'étais anxieux et déprimé, c'est que, je l'ai réalisé plus tard, j'étais en train de me laisser aller, je ne me prenais plus en mains moi-même, je ne me donnais plus d'objectifs réalistes et je devenais en même temps extrêmement exigeant pour moi-même en voulant rendre mes subordonnés heureux en tout et pour tout.

Je me secouai donc grâce à la parole de Peter Drucker dont j'ai parlé au premier chapitre: devant des besoins matériels qui semblent infinis, le rôle du manager d'aujourd'hui est de modérer les exigences des gens et leur appétit. Je me dis que si c'était vrai pour les besoins matériels, cela pouvait s'appliquer également à plusieurs autres besoins. Drucker ne nous enseigne-t-il pas alors indirectement à travailler nous-mêmes sur nos propres besoins, comme le conseillaient jadis les stoïciens qui diminuaient les exigences inscrites dans leur pensée afin de n'être pas déçus ensuite par ce que la réalité leur apportait. C'est en fait «l'austérité joyeuse» de Pierre Dansereau, écologiste et professeur à l'Université du Québec, dont Serge Viau a fait le portrait dans le magazine *Perspectives* du 27 mars 1982. Viau rapporte ainsi les paroles de Dansereau: «Je l'ai déjà dit souvent, ce que je souhaite se résume dans un slogan: l'austérité joyeuse. Quels sont les choix auxquels la société fait face à l'heure actuelle? La tendance est de dépenser de plus en plus, d'entamer de plus en plus notre capital de ressources dont certaines ne sont pas renouvelables et dont d'autres sont à la veille d'être épuisées. Cette course à la consommation vise à faire toujours plus avec plus. Mais il y a une foule d'excès qu'il faudrait plutôt réduire, de façon à en venir à faire plus avec moins. En se tournant vers des valeurs plus qualitatives que quantitatives, il serait possible d'arriver à consommer moins mais à être plus heureux. Cela supposerait que les sociétés réduisent leur marge de profit, que les syndicats limitent leurs revendications, et que d'une manière générale on puisse s'orienter vers une série de petites mesures de coordination et de discipline. Le recyclage, par exemple, ou la limitation des produits de luxe et des voyages qui ne sont pas nécessaires, ou l'élimination du gaspillage de la nourriture. J'hésite parfois à employer le mot «discipline», qui a une connotation négative, mais au fond, c'est bien de ça qu'il s'agit! Les gens heureux que je connais, moi, sont généralement des gens disciplinés, c'est-à-dire des gens qui se connaissent bien eux-mêmes, qui ne désirent pas des choses pour lesquelles ils sont inaptes ou qui seront toujours hors de leur portée. La discipline, ça commence là!» Et Viau continue ainsi: «À l'écouter, on devine assez aisément que la sérénité qu'il dégage lui vient pour une bonne part de l'accord de ses idées avec sa longue expérience. Il préconise de privilégier la qualité de la vie; à un autre moment, il raconte que, plus de dix ans après avoir obtenu son doctorat, il gagnait «décidément moins» qu'un conducteur d'autobus. «Je ne dis pas ça pour me plaindre, souligne-t-il, mais pour démontrer qu'il est possible, dans notre société, de faire ce que l'on aime, de suivre son penchant, et de laisser tomber les jérémiades parce qu'on n'est pas assez payé ou parce qu'on ne reçoit pas tel honneur ou telle récompense. Quand vous faites un choix, vous devez en accepter les conséquences. Il me semble que la liberté, c'est justement ça!»

Mais comment travailler sur ses propres besoins? Tout simplement en se répétant intérieurement à soi-même que les véritables besoins sont peu nombreux. Il est donc d'une importance primordiale de distinguer besoins et désirs. Larousse définit en effet «besoin» comme «un désir ardent», mais également comme «ce qui est nécessaire». Or, il s'avère que ces deux sens du mot «besoin» sont utilisés la plupart du temps de façon interchangeable. C'est précisément ce qui entraîne de grands problèmes psychologiques, car nous sommes alors portés, pauvres humains que nous sommes, à interpréter que nos besoins *doivent* être comblés, ce qui est contredit par la réalité qui, elle, objective, ne s'en préoccupe guère. Or, si nous pouvons accepter intérieurement que les vrais besoins se limitent à toutes fins pratiques aux besoins physiologiques, diminuant alors les exigences que nous posons dans notre esprit, nous risquerons moins d'être déçus devant une réalité qui ne répond pas nécessairement à nos désirs.

Cela ne nous empêche pourtant pas de désirer, et même d'être très ambitieux, de vouloir bâtir des affaires, d'aller à la conquête d'un marché mondial même, à condition de ne pas nous en faire une exigence intérieure, un «il faut absolument que j'obtienne ça, sans quoi ce sera abominable, affreux et catastrophique». Désirer oui, et beaucoup, et très fort, car c'est ce qui mène aux grandes réalisations, mais en sachant que pour tout ce que nous voulons obtenir, il y a un prix à payer, en argent, en efforts et en sacrifices dédiés à l'objectif poursuivi.

C'est à coups d'efforts, de travail et d'action que nous pouvons arriver à réaliser nos désirs. Car, contrairement à ce que beaucoup de gens pensent dans la vie courante, le bonheur ne se trouve pas dans la passivité. Il se trouve dans *l'acceptation* de ce que nous ne pouvons pas changer et dans *l'action* pour tout ce que nous pouvons changer, c'est-à-dire dans l'écart entre nos exigences et la réalisation de nos désirs illustré par le graphique suivant:

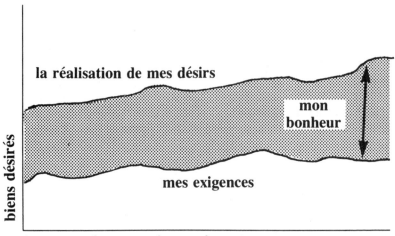

Mon bonheur est représenté, par rapport aux biens désirés, par la surface hachurée.

De la même façon, je peux illustrer mon malheur par le graphique ci-dessous:

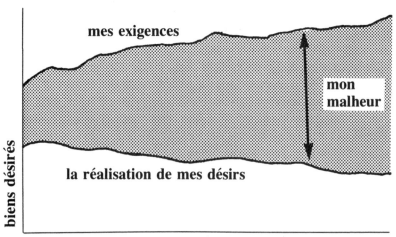

On voit que si mes exigences sont plus élevées que la réalisation de mes désirs, il en résultera pour moi du malheur. Ma stratégie consistera donc, si je veux être malheureux le moins souvent possible et heureux le plus souvent possible, à travailler très fort plutôt que d'attendre que tout me tombe du ciel, à poser les gestes requis pour que mes désirs s'accomplissent, tout en conditionnant mon esprit pour garder mes exigences au niveau le plus bas possible, l'idéal jamais atteint étant un niveau d'exigences zéro.

Et comment, me direz-vous, conditionner mon esprit pour maintenir un niveau d'exigences le moins élevé possible? Par la technique de la confrontation enseignée dans l'approche émotivo-rationnelle. Car c'est cette technique de la confrontation qui, en étant répétée, nous amène efficacement à l'acceptation des choses que nous ne pouvons pas changer. Voici, brièvement, en quoi consiste cette technique.

Partant du principe que la réalité est objective et qu'elle n'est pas là pour nous faire plaisir, plus nous pourrons rendre notre esprit en accord avec cette réalité, plus nous serons heureux. Ainsi, si l'idée qu'il me faut réussir mon travail parfaitement hante mon esprit, je n'ai qu'à regarder la réalité pour voir si c'est vrai, puis à accepter la réalité telle qu'elle est. Cette technique est utilisée avantageusement par écrit, de la façon suivante. Disons qu'un événement s'est produit au bureau et que le patron m'a demandé, de façon menaçante, de présenter mes rapports sans aucun délai à l'avenir. Je suis anxieux. Transposons ce cas dans un tableau en trois colonnes.

Événement	Idées irréalistes	Réalité
Mon patron me demande d'éliminer les délais dans la présentation de mes rapports.	Il faut absolument que mes rapports soient produits à temps, sans quoi je serai mal jugé par mon patron et cela représente un danger pour moi. Je suis incapable de faire face à un tel danger.	La réalité est qu'il y a une possibilité de produire mes rapports à temps et une possibilité de les produire en retard. Je ne suis pas obligé de les produire à temps, mais il y a un prix à payer si je les produis en retard. Devant ce prix à payer, ne serait-il pas avantageux pour moi de faire beaucoup d'efforts (le prix à payer) pour les produire à temps, et d'accepter les conséquences si, malgré tous mes efforts, je n'y arrive pas. En d'autres mots, je puis faire face au danger en travaillant.

Voilà la technique que moi, Jules, j'utilisai avec efficacité devant les problèmes que j'avais à affronter dans mon travail. J'éprouvais un manque de sécurité dans mon travail. En quoi consistait donc ce manque de sécurité? Je me disais que le syndicat avait pris ma place, que ce n'était pas normal, que ça ne devrait pas être ainsi, que le patron ne m'appréciait plus et que je courais le risque de perdre mon emploi. Mais, quelle est donc la réalité? La réalité est que c'était vrai que le syndicat avait pris ma place, ce qui ne voulait pas dire qu'il n'y avait rien à faire, mais j'avais sûrement intérêt à repenser ma stratégie d'intervention. Qu'est-ce qui dit, dans la réalité, que ça ne devrait pas être ainsi? Absolument rien, car si ça ne devait pas être ainsi, ça ne le serait tout simplement pas. Il est peut-être vrai que mon patron ne m'apprécie pas, mais cela ne veut pas dire que c'est une catastrophe: il n'y a d'ailleurs rien, dans la réalité, qui l'oblige à me considérer et à m'apprécier. Il est libre de ses choix: puis-je lui parler pour l'influencer en ma faveur? Si oui, c'est à moi de le faire, car personne d'autre que moi n'a véritablement intérêt à le faire à ma place. Est-ce que je cours vraiment le risque de perdre mon emploi? Ça reste à voir, car je n'ai pas dit mon dernier mot, et il y a sûrement des choses à faire avant d'arriver à ça: à moi d'y penser et d'établir ma stratégie en conséquence. D'ailleurs, même un congédiement n'est pas abominable et effroyable car, dans la réalité, seul le congédiement existe, les aspects abominables et effroyables naissent de mon esprit.

Il en va ainsi de l'échec ou du succès, l'échec ou le succès n'existant pas dans la réalité mais seulement dans notre esprit. Les échecs comme les succès réfèrent en effet à des critères de mesure que nous établissons dans notre esprit relativement à des désirs que nous voulons voir comblés. Or, si nous arrivons à mettre notre esprit en accord avec la réalité, grâce à la confrontation de nos idées irréalistes, nous n'exigerons pas intérieurement un succès à tout coup, puisque rien ne dit, dans la réalité, que cela doit arriver. Et c'est en cessant d'exiger le succès à tout coup, tout en travaillant très fort pour l'obtenir, que nous avons le plus de chances de réussir. De là le bonheur, et d'autant plus de bonheur que nos exigences sont plus basses et la réalisation de nos désirs plus élevée.

Comme j'étais devenu anxieux tellement je voulais répondre aux besoins de mes subordonnés, j'utilisai également la confrontation pour me conditionner psychologiquement. Quelles sont donc les idées irréalistes qui peuplent ton esprit, me demandai-je? Eh bien, il faut absolument que je comble les besoins de mes subordonnés, sans quoi je prouve que je suis un raté, une nullité. Et de faire une telle preuve amènera une réaction de mon patron qui représente un grand danger pour moi, car il me rétrogradera ou même me congédiera. Or, la réalité est que je ne suis aucunement obligé de satisfaire tous les besoins de mes subordonnés, que c'est même impossible car ils peuvent toujours continuer à désirer plus de choses que ce que je peux leur offrir et je ne peux pas contrôler leur esprit à eux pour qu'ils désirent moins. Peut-être pourrai-je faire ressortir leur intérêt à être moins exigeants pour être plus heureux eux-mêmes, mais je ne réussirai jamais à imposer à leur esprit des idées qu'ils ne voudront pas accepter. D'ailleurs, s'il fallait absolument, dans la réalité, que je comble leurs besoins, eh bien ce serait automatique, je réussirais à tout coup, ce que je sais impossible puisque je ne suis qu'un être humain et qu'il arrive à tout le monde de ne pas réussir tout ce qu'ils voudraient réussir. Est-ce que je serai un raté et une nullité si je ne réussis pas? Absolument pas, puisque les ratés n'existent pas dans la réalité. Ces qualificatifs résultent d'une évaluation de l'esprit. En réalité, objectivement, il n'existe que des humains. Toutes les étiquettes qualificatives qu'on rattache aux humains proviennent d'évaluations de l'esprit et dépendent en ce sens des esprits qui les ont créées et non de la réalité. Quant à la réaction de mon patron pouvant représenter un grand danger pour moi, peut-être y a-t-il en fait un danger réel, mais suis-je bien sûr que, dans ma tête, je ne grossis pas ce danger pour en faire quelque chose d'abominable et d'effroyable? Or, je sais encore que les choses abominables et effroyables n'existent pas dans la réalité, car ces qualificatifs sont aussi des évaluations de l'esprit. Et même s'il y a un danger réel, suis-je bien sûr que je ne peux rien faire devant un tel danger? Car je peux penser à toutes sortes de moyens d'y faire face et développer une stratégie en conséquence.

Voilà comment je me parlais à moi-même, en confrontant les idées irréalistes qui occupaient mon esprit avec la réalité. Et, peu à peu, à force de me répéter ce qu'était la réalité et à force de me dire à moi-même que la réalité n'avait pas à se plier à mes cinquante-six caprices, je progressais vers un plus grand calme intérieur et j'acquérais la sérénité, cette sérénité qui m'aida grandement à passer à l'action. J'entrepris d'ailleurs cette action avant que mes peurs m'aient quitté, et malgré mes peurs, car il ne faut pas oublier que les deux grands principes de l'approche émotivo-rationnelle sont: l'acceptation pour tout ce qui ne dépend pas de moi, premier principe auquel on arrive efficacement grâce à la confrontation, et l'action pour tout ce qui dépend de moi, ces deux principes se renforçant l'un l'autre.

Lorsqu'on parle d'action, il n'y a pas de recette et de technique magiques et précises. Il faut se poser tout simplement la question suivante: quels seraient les moyens les plus efficaces pour atteindre mes objectifs? Il s'agit ensuite d'analyser les différentes possibilités qui nous sont offertes, de choisir celle qui nous semble la meilleure, de passer immédiatement à l'action, de constater les résultats, de reprendre une autre action immédiatement si les résultats sont insatisfaisants, et cela inlassablement, toujours dans le sens de la poursuite de nos objectifs, en nous rappelant que nos échecs momentanés ne sont que des évaluations de l'esprit. La réalité, elle, n'accepte pas que des pertes d'argent, des pertes de prestige ou des diminutions d'autorité soient des échecs. Tout ce que la réalité accepte alors, c'est que les pertes d'argent soient des pertes d'argent, que les pertes de prestige soient des pertes de prestige et que les diminutions d'autorité soient des diminutions d'autorité, sans évaluation aucune puisqu'une évaluation suppose une intervention de l'esprit.

Je m'efforçai donc de trouver l'action qui serait la plus susceptible de me gagner l'adhésion de mes subordonnés. Je me demandai d'abord quel objectif j'avais avantage à poursuivre, et je ne tardai pas à conclure que c'était l'efficacité de mes services pour moi-même et pour tous ceux qui y travaillaient. Ce qui m'amena à mettre de côté ma recherche de sympathie, pour ne retenir que l'efficacité de mes subordonnés dans la poursuite et l'atteinte de l'objectif général de l'entreprise. Je me dis alors qu'ils avaient le droit d'être différents de moi, qu'ils avaient le droit de me préférer leur syndicat et qu'ils n'étaient pas obligés de me faire plaisir, tant qu'ils étaient efficaces et accomplissaient le travail pour lequel ils avaient été embauchés. Je décidai dès lors que je ne me laisserais plus mener par mes émotions et que je ne me créerais pas inutilement des exigences, tels le besoin de me faire aimer ou de me faire craindre et le besoin de combler leurs besoins infinis, que je ne me laisserais pas non plus mener par l'agressivité et l'hostilité s'ils ne faisaient pas exactement ce qui me plaisait. L'accomplissement des objectifs de l'entreprise serait dorénavant mon seul guide moral pour juger leur travail, et je m'en tiendrais toujours à ces objectifs avec une fermeté de tous les instants, tout en étant à l'écoute des gens pour savoir si je ne faisais pas fausse route et rajuster mon tir au besoin.

Je constatai que je m'étais ainsi tracé tout un programme de travail et que ce n'était pas une mince tâche que de diriger vraiment par les objectifs, car diriger par les objectifs c'est diriger objectivement, sans être pris au piège des émotions. Et diriger sans être piégé par ses émotions, donc avec la maîtrise de soi, exige un assez bon contrôle de ses émotions. J'arrivai à contrôler mes émotions grâce aux confrontations répétées que je faisais pour faire disparaître mon agressivité, mon anxiété et mes dépressions passagères.

Devenant de plus en plus serein et confiant en moi-même, ma nouvelle attitude à l'égard des autres ne tarda pas à être remarquée par mon entourage. Cette attitude fut payée de retour par un plus grand respect et une collaboration grandissante. En cessant de me créer à moi-même des besoins que je voyais comme des exigences, et en cessant d'attribuer également de tels besoins et exigences aux autres, j'en arrivai à baser mes interventions auprès de mes subordonnés sur la réalité, en leur expliquant les contraintes que nous vivions et les objectifs que nous poursuivions, et je fus le premier surpris de voir les améliorations énormes que ma nouvelle attitude suscita.

En même temps, je m'apercevais que j'étais plus heureux. Mes exigences étaient moins grandes pour moi-même et pour les autres. Chose curieuse, mes désirs avaient grandi plutôt que de diminuer, mais je ne faisais plus des exigences de ces désirs, de sorte que si je n'aboutissais pas à leur réalisation, je n'en faisais pas une catastrophe en pensée. Réalisant mieux mes désirs, j'augmentais d'autant mon bonheur.

Parallèlement, à force d'expliquer nos objectifs à mes subordonnés, et en leur faisant voir les contraintes que nous imposait le marché, je leur faisais de mieux en mieux voir leur intérêt à réaliser nos objectifs, ce qui correspondait en fait à leur désir comme au mien. Je fus moi-même surpris, et eux également, de voir qu'ils désiraient davantage atteindre les objectifs de l'entreprise, mais qu'ils s'en faisaient moins une exigence intérieure. Et le résultat final était une amélioration surprenante de l'efficacité dans une meilleure communication, paradoxe de l'obtention plus facile de ce qu'on cesse d'exiger, d'une plus grande facilité d'action et d'une augmentation du désir d'efficacité lorsque l'on cesse d'exiger. En même temps, voyant la réalisation d'un plus grand nombre de leurs désirs, mes subordonnés étaient plus heureux.

On voit donc de plus en plus clairement (ce serait une exigence irréaliste que de vouloir que tous soient d'accord là-dessus) qu'il est avantageux, pour un bonheur plus grand, de diminuer nos exigences pour qu'elles soient minimales, ce qui ne nous empêche pas d'augmenter nos désirs; il est avantageux d'augmenter également notre action au maximum afin de marcher inlassablement vers la réalisation de nos désirs, améliorant ainsi notre efficacité dans l'atteinte de nos objectifs personnels. Comme, par ailleurs, il serait illogique de demeurer au sein d'une entreprise dont les objectifs généraux contrediraient nos objectifs personnels, il est probable qu'une meilleure réalisation de nos objectifs personnels coïncidera avec une meilleure réalisation des objectifs de l'entreprise. N'est-ce pas le bonheur au travail!

Chapitre III

Augmenter mon bonheur en diminuant mes exigences

«Pour faire de l'argent, il faut en être détaché.» Une telle idée du détachement explique en partie la réussite d'un multimillionnaire québécois, Paul-Émile Légaré, homme du mois de la revue *Commerce* en novembre 1980 (revue *Commerce,* novembre 1980, page 77). Cette même revue rapporte une définition intéressante du bonheur par Bertin Nadeau, homme du mois en août 1981 (page 42): «C'est simple, j'ai toujours défini le bonheur comme inversement proportionnel à l'écart entre tes aspirations et tes réalisations. Si tu veux augmenter ton bonheur, augmente tes réalisations ou abandonne certaines de tes aspirations». Voilà qui ressemble quelque peu à notre définition du bonheur, la différence majeure entre notre définition et celle de Bertin Nadeau étant que je peux me permettre de désirer beaucoup, et c'est quasiment requis pour aboutir à de grandes réalisations, sans que cela entache aucunement mon bonheur à la condition de ne pas faire des *exigences* de mes désirs. Le bonheur est alors directement proportionnel à l'écart entre mes exigences et la réalisation de mes désirs.

C'est d'ailleurs une telle définition du bonheur que je donnais un jour au délégué-chef des griefs du syndicat, après que, les communications s'étant améliorées dans l'entreprise suite à mon changement d'attitude, nos relations furent devenues amicales. Il me raconta alors qu'il voyait lui-même l'application de cette définition dans la vie de la centrale syndicale à laquelle il appartenait.

Il y avait en particulier, rattaché à sa centrale syndicale, un permanent qui était perfectionniste de nature, qui cherchait toujours à obtenir des négociations parfaites et des conventions collectives parfaites, des organisations syndicales parfaites et des arbitrages parfaits. Travaillant à l'occasion dans chacun de ces domaines, il y introduisait tellement de fioritures, de détails qui étaient sensés améliorer l'ensemble et de rigidité qu'il indisposait les intervenants de la partie patronale qui lui faisaient face et il bloquait ainsi pendant longtemps des compromis souhaitables. Et, ce qui était encore pire, il indisposait également ses propres coéquipiers de l'équipe syndicale avec ses exigences irréalistes. Plutôt que de s'en tenir à une réglementation minimale et de faire confiance aux parties pour introduire les ajustements requis au fur et à mesure de l'apparition des besoins, il exigeait que tout soit réglementé. Puis, une fois les règlements adoptés, il s'en tenait au texte de façon pointilleuse, sans tenir compte des objectifs poursuivis par l'entreprise impliquée. Il en arrivait ainsi à paralyser certains secteurs importants des entreprises dans lesquelles il passait.

Le délégué-chef des griefs du syndicat de notre entreprise ayant vu combien la nouvelle philosophie que j'appliquais avait contribué à améliorer mon attitude, il s'en inspira à son tour, lut les livres que je lui conseillais et fut bientôt en mesure d'en parler avec son permanent perfectionniste rattaché à la centrale. Il lui démontra bientôt que ses exigences perfectionnistes lui nuisaient considérablement, qu'elles nuisaient également à la centrale, lui créaient inutilement à lui-même des ennemis et exigeaient un temps considérable. Pourquoi, lui demanda-t-il, n'essaies-tu pas de diminuer tes exigences, de façon à faciliter ta vie et celle des gens qui t'entourent?

À la demande du permanent, il lui indiqua comment arriver à diminuer ses exigences, essentiellement par la technique de la confrontation. Était-il vrai qu'il devait absolument négocier de façon parfaite, en arriver à des conventions collectives parfaites et faire tout parfaitement? C'est un point de départ désavantageux car cela amène presque inévitablement à l'immobilisme. Et si l'entourage du perfectionniste veut qu'on finisse par accoucher d'une décision ou d'une action, il a alors tendance à isoler le perfectionniste, lequel est vu comme celui qui retarde ou empêche l'aboutissement recherché. Mais le permanent se disait qu'il lui *fallait* absolument réussir quelque chose de parfait. Il fut facile à mon compagnon de travail de lui démontrer que, dans la nature, rien ne nous oblige à faire quoi que ce soit parfaitement. On peut facilement déceler des imperfections dans le travail de la nature. Mieux vaut agir dès que possible, en sachant que c'est de façon imparfaite, plutôt que d'attendre indéfiniment pour prendre une décision ou entreprendre une action qui, de toute façon, sera imparfaite. Le permanent syndical tira profit de cet enseignement. Il apprit la confrontation pour l'appliquer chaque jour aux actes perfectionnistes qu'il posait, découvrit que son efficacité et son rayonnement augmentaient d'autant et en fut tout heureux. Lorsque par hasard il échouait dans la poursuite de ses objectifs, il se disait qu'il était tout simplement un être humain, qu'il était peut-être souhaitable mais non obligatoire d'atteindre ses objectifs et que c'était désagréable mais non abominable de ne pas les atteindre. De plus, se dire qu'il avait échoué supposait qu'il pensait intérieurement qu'il aurait dû réussir, ce qui est contredit par la réalité car, s'il avait dû réussir, il aurait nécessairement et automatiquement réussi. Or, la réalité nous enseigne qu'aucun être humain ne réussit parfaitement et toujours tout ce qu'il désire. D'ailleurs, le critère servant à dire que telle chose est un échec ou un succès ne se retrouve que dans l'esprit de celui qui l'établit et nulle part dans la réalité.

On constate donc que les exigences sont des idées fausses, car le seul critère de vérité se retrouve dans la réalité. Et la réalité présente habituellement plusieurs possibilités selon les actions et les interactions posées, sauf dans le domaine des lois physiques comme dans le cas d'une pierre qu'on lance vers le ciel et dont on peut affirmer qu'elle retombera au sol suivant la loi de l'attraction terrestre. En d'autres mots, la nature obéit à ses propres lois, mais elle n'obéit en rien à l'esprit des humains. On peut bien sûr constater qu'il est probable que, d'après les lois des grands nombres, telle action ait plus de chances de produire tel résultat que telle autre action. De même, on a plus de chances d'obtenir les résultats appropriés en faisant les efforts requis et en les répétant pour qu'ils s'additionnent et augmentent encore la probabilité du succès. Epictète, ce philosophe qui a vécu il y a 2000 ans, le dit à sa façon: «Comment pouvoir, en effet, reconnaître les mêmes droits à celui qui vient frapper aux portes et à celui qui n'y vient pas? À celui qui n'escorte pas, et à celui qui fait escorte; à celui qui ne louange pas et à celui qui louange? Tu serais injuste et insatiable, si, en ne versant pas le prix auquel ces choses-là se vendent, tu prétendais les recevoir gratis» (*Manuel d'Epictète,* édition Garnier Flammarion, page 217).

Or, lorsque nous posons des exigences, nous demandons en fait de recevoir gratuitement des choses qui, habituellement, se gagnent par notre action et ont donc un prix. C'est en fait une attitude intérieure basée sur l'idée que tout nous est dû, y compris le bonheur, que nous ne devons jamais être malades ni avoir aucun revers, et que c'est abominable et effroyable de subir la moindre contrariété. Pourtant, le monde est ainsi fait que chacun a son lot de contrariétés à chaque jour. Mais à quoi nous sert de gémir, de dire que cela ne devrait pas nous arriver à nous, que nous ne l'avons pas mérité? Nous ajoutons alors à nos contrariétés et nous augmentons par notre propre jugement les émotions désagréables que nous vivons. En fait, il n'est pas nécessaire de réfléchir bien longtemps pour constater que la vie ne nous doit rien, que nous ne méritons rien et qu'il est normal qu'il nous arrive des choses désagréables comme il en arrive à tous les êtres humains.

Les gens croient tellement au bonheur magique, un bonheur qui s'obtiendrait dans la passivité et simplement parce que nous l'exigeons, qu'ils pensent le trouver dans les médicaments, alors que ces mêmes médicaments, mal utilisés ou surconsommés, contribuent souvent à les détruire. Dans une excellente étude du Conseil des Affaires Sociales et de la Famille du Québec, étude intitulée «Médicaments ou potions magiques?» publiée en 1982, on remarque que «la médication d'un nombre croissant des problèmes de la vie n'est pas seulement un processus individuel, c'est aussi un phénomène collectif» (page 26) et «qu'on a médicalisé les problèmes sociaux en attirant l'attention sur le mal de vivre individuel et le soulagement des symptômes de détresse ou d'angoisse. (...) Le médicament devient un substitut aux insatisfactions dans le milieu de travail, dans la famille, dans la société» (pages 26-27).

La même étude cite entre autres l'étude de Marinier comme suit: «Selon ce qui se dégage de l'étude de Marinier, la prise de médicaments est reliée au fait de s'en remettre à une aide extérieure, de ne pas se sentir impliqué et concerné par le soulagement de symptômes et par une impression de ne pas avoir de contrôle. On semble impuissant devant ses crises» (page 48). Or, la prise en charge d'un individu par lui-même suppose que l'individu connaisse une technique pour contrôler ses exigences, donc ses idées, et qu'il veuille le faire. Quelle meilleure technique, et quoi de plus simple, que la confrontation de ses idées irréalistes selon la philosophie émotivo-rationnelle? (Voir *Émotivité et efficacité au travail* par Eugène Houde et *S'aider soi-même* par Lucien Auger.)

Ce que la même étude révèle, et cela indique jusqu'à quel point une véritable philosophie du bonheur est requise pour mieux comprendre et affronter nos problèmes, c'est que «le professionnel de la santé répond aux demandes et aux attentes de la population; il devient en quelque sorte semblable à cette dernière. Il médicalise des problèmes pour lesquels précisément la population souhaite obtenir des médicaments» (page 49). Pour guider une population qui se languit de bonheur, on pourrait trouver mieux. Qui donc dira à cette population que l'on peut trouver plus de bonheur en exigeant moins, et qui lui dira qu'une philosophie très simple, la philosophie émotivo-rationnelle, existe et est à sa portée, dans la vie au travail comme dans la vie tout court, pour apprendre à maîtriser ses idées et ses exigences irréalistes?

Car les médicaments remplacent alors la prise en charge de l'individu par lui-même relativement à ses problèmes émotionnels: «Les médecins ont tendance à lier l'anxiété à la vie émotionnelle chez les jeunes femmes et à la vie professionnelle chez le jeune homme» (page 50), et (...) «Gondemand mentionne dans son article «Le médicament: un objet relationnel», que «c'est quelquefois au médecin lui-même qu'est destiné le médicament», parce que grâce à la prescription il calme sa propre anxiété, celle qu'il ressent face à la maladie ou au patient» (page 51). Enfin, je ne cite qu'un chiffre parmi tous ceux inscrits dans cette étude, car ce chiffre me semble ahurissant: «Levinson mentionne que 60 à

90% des sommes dépensées pour l'achat de médicaments prescrits résulteraient d'ordonnances inutiles ou irréfléchies» (page 56). Voilà à quoi aboutissent nos exigences, car nos exigences supposent que nous voulons soumettre la réalité à notre esprit, quitte à utiliser pour ce faire des moyens «magiques» dans une passivité destructrice. Pourquoi ne pas emprunter plutôt un moyen simple comme la confrontation des idées irréalistes, en y mettant les efforts requis? Ce n'est tout de même pas si malin de s'imposer une quinzaine de minutes de confrontation par jour, et c'est un genre de méditation personnelle directement orientée vers la prise en charge de sa propre vie et le bonheur personnel.

Par ailleurs, la publicité qui nous envahit aujourd'hui dans tous les domaines contribue à augmenter d'une façon astronomique les exigences que peuvent avoir les individus dans leur milieu de travail. On ne peut oublier que le personnel des entreprises est constitué des membres de la société et qu'il se farcit l'esprit des différentes idées que lui lancent la télévision, la radio et les journaux relativement à ce qu'il devrait posséder, acheter et consommer. Du désir à l'exigence, il n'y a qu'un pas pour l'esprit: il n'y a qu'à ajouter: «Il me faut ça absolument, sans quoi ce sera abominable et effroyable». D'ailleurs, la publicité elle-même ne cesse de répéter qu'il nous faut absolument ça, sans quoi nous ne pouvons pas être heureux. Voyant dans la publicité toutes sortes de gens qui semblent si heureux grâce à leurs gadgets, et qui vivent dans des milieux privilégiés, les employés d'entreprises adoptent facilement toutes sortes d'exigences face à de tels gadgets, et réclament en conséquence des salaires plus élevés et des conditions de travail parfaites, en supposant en retour que de tels gains vont se réaliser dans la passivité, que ça leur est dû et qu'il n'y a pas de prix à payer, tel une productivité accrue, pour en arriver à une telle amélioration. Or, tout a un prix, au travail comme dans la société

41

en général. On peut facilement le constater, à certaines périodes, par les nombreuses faillites et fermetures d'entreprises. Encore là, l'attitude réaliste à adopter est d'aller à contre-courant de la publicité en refusant de nous laisser imposer des exigences qui ne peuvent que nuire à notre bonheur.

D'ailleurs, il y a dans la publicité un nouveau paradoxe de notre société moderne. D'une part, les entreprises moussent la vente de leurs produits en faisant tout pour en créer le besoin chez les gens, et leurs propres employés adoptent ces besoins comme les autres et augmentent en contrepartie leurs demandes aux entreprises afin de pouvoir satisfaire ces nouveaux besoins. Et d'autre part, si elles veulent survivre, ces mêmes entreprises doivent travailler à convaincre leurs employés de se restreindre dans leurs demandes et de limiter leurs appétits.

En travaillant par contre à limiter mes propres exigences, je deviens un être beaucoup plus autonome, plus réfléchi, serein et indépendant, presque inaccessible à la manipulation de la part des autres. Je constatai par moi-même combien cela pouvait être vrai dans mon attitude et mes relations avec mes subordonnés. Ayant constaté que j'essayais de combler tous leurs besoins, ils avaient entrepris, comme je vous l'ai déjà raconté, d'abuser de moi de toutes sortes de façons, en particulier en augmentant le nombre et la durée de leurs retards et en ne respectant pas leurs quotas de production. Ils savaient que je ne dirais rien car ils savaient que mes exigences de leur plaire étaient trop grandes pour que je me permette de leur faire la moindre remarque. Ils me savaient dans une position de faiblesse et de peur, et il faut bien avouer que j'avais vraiment peur de leur déplaire. Toutefois, pendant ce temps, je devais payer le prix de ma faiblesse et de mes exigences en n'atteignant pas mes objectifs de production et en me faisant engueuler par mon patron.

Or, le jour où je décidai que ma morale se baserait sur les objectifs de l'entreprise et non plus sur le désir de plaire, je me dis que je n'avais pas besoin de leur appréciation pour être heureux, que tous ne pouvaient m'aimer pour tout ce que je fais et que je pouvais peut-être fermer les yeux sur quelques écarts momentanés de comportement, mais non permettre que l'on s'écarte de façon permanente des normes de travail et de production. Je me conditionnai en même temps mentalement en me disant qu'ils n'étaient pas, de leur côté, obligés de me faire plaisir, mais qu'ils devraient assumer les conséquences de leurs actions à chaque fois qu'ils décideraient de ne pas accomplir les objectifs de la compagnie, ce pourquoi ils avaient été embauchés.

J'entrepris donc d'atteindre les objectifs de la compagnie dans la plus grande fermeté, mais en même temps sans agressivité. J'utilisai les mesures disciplinaires comme des avertissements et non pas comme des punitions, indiquant à chacun que je tenais vraiment à l'efficacité et au succès de la compagnie, et que leur comportement nuisait à cette efficacité recherchée. Ils étaient libres de ne pas rechercher cette efficacité dans la poursuite de nos objectifs, mais ils devraient alors subir les conséquences de leurs gestes et poursuivre leur carrière ailleurs. Je fus placé devant quelques griefs additionnels, mais ma fermeté dans la poursuite des objectifs de la compagnie, en parallèle avec le respect que je leur témoignais, vinrent peu à peu à bout des derniers récalcitrants. J'étais moi-même surpris que, exigeant moins de plaire aux autres et que les autres m'apprécient et m'acceptent, j'étais mieux apprécié par eux et nous devenions tous ensemble plus efficaces. J'avais réussi à substituer un critère objectif d'action, soit les objectifs de la compagnie, à ce critère subjectif qu'étaient mes émotions et celles de mes subordonnés. J'étais beaucoup plus heureux, et eux aussi. Et ils n'essayaient plus de me manipuler sous tous les angles.

Chose surprenante, je constatai que, même si mes exigences diminuaient, mes désirs étaient tout aussi grands, sinon plus grands. Peut-être avaient-ils changé quelque peu, mais ils se faisaient plus précis, mieux articulés, car j'orientais tous mes désirs de travail vers les objectifs de la compagnie. Je savais que ma situation personnelle deviendrait plus stable si j'accomplissais mieux les objectifs de la compagnie, et que mes subordonnés seraient eux aussi plus satisfaits dans une compagnie efficace et prospère. Aussi, nos désirs réciproques allaient dans le sens d'une collaboration améliorée, d'une communication plus respectueuse et plus complète et d'une efficacité accrue. Notre sentiment à tous était que notre contribution à l'accomplissement des objectifs de la compagnie avait considérablement augmenté, et nous étions fiers des résultats. Oh, ce n'était pas parfait, et ce ne le serait jamais, mais les résultats étaient là.

En fait, diminuer nos exigences signifie que nous nous donnons à nous-mêmes le droit au risque et à l'erreur. Cela fait partie du conditionnement psychologique accompagnant habituellement l'efficacité dans la poursuite d'objectifs. On peut en trouver un exemple intéressant dans le portrait de Gérald Godin, ministre de l'immigration et des communautés culturelles au gouvernement du Québec, portrait fait par Georges-Hébert Germain dans la revue *Actualité* de mai 1982. Il y rapporte que Pauline Julien lui a parlé passablement de Gérald Godin: «En écoutant Pauline me parler ainsi de son homme, il me vient à l'esprit qu'il a un peu l'âme d'un jazzman praticien de l'improvisation, du free, cet art consommé qui peut mener à l'inouï et qui requiert un fonds de certitudes richissimes et inébranlables, une audace et une confiance si grande en soi, en ses connaissances et ses idéaux qu'elle fait accepter le risque de commettre des erreurs et de jouer faux» (page 105). Et Germain continue en laissant Pauline Julien parler: «Quand Gérald aime ce qu'il fait, dit encore Pauline, il a une énorme capacité de travail. Ça prend ça pour faire ce genre de job-là. Mais il sait mieux que personne décompresser quand il en a besoin. Si quelque chose ne marche pas pour une raison ou pour une autre, il ne se torture pas. Il n'y pense plus et il passe à autre chose. Il ne se culpabilise pas non plus quand il a fait une erreur ou qu'il a pris une mauvaise décision, comme s'il était au fond persuadé qu'il est un bon gars et que ses intentions et ses idéaux sont corrects. De ça, il ne doute jamais. Et il a raison. Gérald, c'est un bon gars» (page 105).

Une des plus grandes difficultés à maintenir nos exigences à un niveau minimal, comme individu au travail ou comme individu tout court, se trouve dans les pressions constantes exercées sur nous par nous-même et par notre entourage, époux ou épouse, parents ou enfants, frères et soeurs, amis et voisins. Chacun raisonne comme si nous devions élever nos exigences au niveau des leurs, donc obtenir des satisfactions immédiates qu'ils estiment essentielles à la vie. Peu leur importe que nos ambitions et nos désirs soient plus grands que nos exigences à court terme. Ils ne voient que les avantages immédiats et ont une vision hédoniste de la vie. Si mes exigences sont basses, et si j'envisage mon bonheur à long terme plutôt qu'à court terme, je saurai que je peux avoir de grands désirs et des ambitions très élevées, mais que je dois y consacrer beaucoup de travail, du temps et une ténacité à toute épreuve. L'important, même et surtout dans mon travail, est de me fixer des objectifs personnels réalistes, libres des pressions de toutes sortes susceptibles de faire augmenter mes exigences, pour envisager mon bonheur à long terme et y tenir malgré tous les obstacles. À voir certains individus et leurs exigences démesurées dans leur milieu de travail, on devine souvent qu'ils subissent de très fortes pressions et les exigences de leur milieu familial dont ils n'ont pas encore appris à se libérer. C'est pourtant un préalable à une plus grande liberté et à une plus grande autonomie.

Il est avantageux de comprendre enfin que nous sommes les premiers responsables de notre propre bonheur. Comme le bonheur dépend d'abord des évaluations de notre esprit, il y va de notre intérêt d'apprendre à travailler sur nos propres pensées et de diminuer nos exigences, ce qui ne nous empêche aucunement de désirer beaucoup, en sachant toutefois que tout a un prix et que l'atteinte de certains résultats suppose d'abord l'élaboration d'idées, de plans de travail et le déploiement d'efforts constants et répétés dans la ligne de l'objectif poursuivi. D'ailleurs, ce qui est vrai dans les milieux de travail est également vrai pour la vie en général. Et Jésus a appliqué ce principe jusque dans sa mort. Il ne désire pas mourir: «Mon Père, s'il est possible, que cette coupe passe loin de moi!» Mais il ne veut pas en faire une exigence: «Cependant, non pas comme je veux, mais comme tu veux» (Mt 26-39).

Chapitre IV

Augmenter mon bonheur en réalisant davantage

Si je suis décidé à diminuer mes exigences, je peux me permettre de rêver. Rêver beaucoup, Rêver immensément. Créer dans mon esprit, par mon imagination, un avenir que je m'attacherai ensuite à réaliser. Car, à la base des grandes réalisations, et même de toutes les réalisations, il y a une idée, la foi, un objectif, un plan, du travail, du courage, une vision d'avenir et de la persévérance. Ce sont les composantes que l'on retrouve habituellement dans *l'action* pour ce qui dépend de nous.

Voilà ce que je mis également en application au moment où je vécus mes problèmes avec mes subordonnés. Je me mis alors dans la tête que je ne fuirais pas mes problèmes et que j'y ferais face, au contraire, en cherchant les meilleurs moyens pour les régler. Conjugués à la diminution de mes exigences, ces moyens que j'essayais au fur et à mesure que je les trouvais me faisaient avancer peu à peu dans la conquête d'une véritable direction d'équipe, grâce à l'honnêteté que je démontrais envers tous. Même si je n'exigeais plus de moi de réussir immanquablement ce que j'entreprenais et que, en conséquence, je ne me sentais plus déprimé lorsque je n'atteignais pas exactement les buts visés, je ne cessais pas de désirer des améliorations, et je me faisais un objectif personnel de réaliser les objectifs de l'entreprise, croyant que j'en retirerais plus de satisfaction personnelle. Quand un moyen choisi n'aboutissait pas exactement aux résultats attendus, je reprenais le collier pour trouver un autre moyen, que je mettais aussitôt en application, et ainsi de suite jusqu'à ce que j'aie atteint des résultats acceptables. En bâtissant l'avenir de l'entreprise, je bâtissais mon propre avenir, dans la persévérance. Et c'est ainsi que les actions que je ne cessais d'entreprendre pour régler mes problèmes d'ensemble contribuèrent à les atténuer, puis à les régler, et enfin à créer une atmosphère qui devint intéressante, respectueuse et même chaleureuse. Et ce, sans jamais abandonner l'orientation fondamentale de l'accomplissement des objectifs de l'entreprise.

«Les idées, plus que l'argent, engendrent la réussite» (revue *Commerce,* novembre 1980, page 77). Voilà le deuxième aspect expliquant la réussite de Paul-Émile Légaré, dont je parlais au début du chapitre précédent. On se rappelle que l'autre aspect se rapportait à la maîtrise de ses exigences: «Pour faire de l'argent, il faut en être détaché». Or, l'on voit bien que le deuxième aspect, les idées, est déjà du domaine de l'action. Il faut alors se forcer à penser, mettre littéralement son esprit au travail pour chercher les moyens les plus susceptibles de faire qu'on aboutisse à une solution efficace. C'est en ce sens que Peter Drucker enseigne que les entreprises se trompent et demandent même trop peu à leurs employés lorsqu'elles demandent un travail honnête contre un salaire honnête, «a fair day's labor for a fair day's pay». Ce qui est requis, c'est que les employés soient dévoués à leur entreprise et qu'ils recherchent ce qui peut constituer la meilleure façon pour eux de contribuer à son succès. Ce qu'on peut par ailleurs déplorer aujourd'hui, c'est que peu d'entreprises demandent une telle chose à leurs employés: les entreprises japonaises le font, et avec le succès que l'on connaît. Si nous ne le faisons pas, il semble que ce soit dû à beaucoup de méfiance entre patrons et employés, les patrons ne se donnant pas la peine d'expliquer à leurs subordonnés leur intérêt à contribuer efficacement aux objectifs de l'organisation.

Les employés sont alors vus comme des agents passifs en vue de la production de l'entreprise. Comment ose-t-on alors leur reprocher de ne pas être des agents actifs? Ils ne s'impliquent pas parce que, souvent, on ne veut pas qu'ils s'impliquent. Ils ne contribuent pas comme il serait souhaitable de contribuer parce qu'on ne leur demande pas de contribuer. Ils ne sont pas responsables, parce qu'on ne leur demande pas de prendre des responsabilités. On ne la leur donne pas cette responsabilité, en leur faisant confiance, en leur demandant leur opinion sur ce qu'il serait souhaitable d'établir comme objectifs, pour arriver ensuite à leur fixer des objectifs précis qui auraient été élaborés avec leur participation. En fait, l'entreprise basée sur la participation se crée dans la décentralisation à tous les niveaux jusqu'au travailleur responsable.

«L'idée» est à la base de toute affaire comme de toute carrière. L'important est de se poser la question suivante: «Qu'est-ce que je veux faire de ma vie? En quoi puis-je être le plus utile aux autres?» Car la meilleure façon de se rendre service à soi-même est de rendre service aux autres. Les réalisations de notre vie sont en effet orientées vers des utilisateurs éventuels, et nous perdons notre temps si nous travaillons à fabriquer des biens ou des services qui ne peuvent être utilisés par personne. Et l'individu, comme l'entreprise, a intérêt à se tourner vers une clientèle extérieure en se demandant constamment ce qu'il peut lui apporter de mieux. Lorsque Peter Drucker prétend que toute idée d'affaires se définit par rapport à une clientèle dans une sphère où l'on excelle (*Managing for Results,* page 196), il pourrait tout aussi bien appliquer le même principe, de façon interchangeable, aux individus. Et pourtant, les gens sont tellement portés à se demander ce que la société peut leur apporter, plutôt que ce qu'ils peuvent, eux, apporter de mieux à leur société. Ne se définissant pas à eux-mêmes une clientèle pour leurs propres services, les gens se condamnent à moins de réalisations et à moins de bonheur, car on ne récolte que ce qu'on a semé: investis beaucoup dans la société, et la société te le rendra à la saison prochaine. John F. Kennedy, au début de son mandat comme président des États-Unis, disait à ses compatriotes de cesser de se demander ce que leur pays pouvait faire pour eux et de se demander plutôt ce qu'eux pouvaient faire pour leur pays. C'est en fait un des fondements du bonheur: agir pour réaliser quelque chose d'extérieur à nous-même, être utile à quelqu'un d'autre dans la société. Selon le principe qu'un service en attire un autre, et que les services se monnayent un jour ou l'autre, lorsqu'il y a services rendus, nous retirons toujours quelque chose de ce que nous avons investi, la plus grande satisfaction étant d'abord d'avoir réalisé quelque chose.

Tout ce qui est réalisé extérieurement par les humains a d'abord pris forme dans l'esprit d'un ou de plusieurs de ces humains. C'est dans leur esprit que les humains font d'abord germer un petit bout d'idée, pour la développer peu à peu, la caresser, l'animer de foi et l'orienter vers une possibilité de réalisation alors même que plusieurs congénères s'y opposent et la disent impossible à réaliser. Ils en font un désir qui devient de plus en plus fort, grandit en rêve et se définit dans un objectif.

Une fois le désir devenu objectif ferme, un pas de plus est franchi vers sa réalisation. Il devient la norme d'action, le critère moral servant à juger ce qui est bon ou moins bon pour nous-mêmes ou pour notre entreprise. Le danger d'en faire une exigence existe toujours. Cette transposition s'opère lorsque l'on se dit qu'il faut absolument obtenir l'objet désiré, faute de quoi ce sera une catastrophe. Mais si le piège de l'exigence est évité, un objectif clair et précis devient une motivation exceptionnelle qui nous mène vers des réalisations utilisant à fond notre capacité de collaborer. Je crois que le plus important pour la réalisation d'un objectif est de toujours maintenir cet objectif et de l'envisager à long terme. Il ne faut fixer des étapes serrées que pour des actions qui ne dépendent que de nous. Supposons qu'un marchand désire vendre pour $10 millions de marchandises. Il a intérêt à se demander ce qu'il estime devoir fournir en argent, en publicité et en efforts pour atteindre cet objectif dans le laps de temps fixé. Toutefois, pour demeurer heureux, il a avantage à respecter son plan d'action de façon scrupuleuse tout en sachant que le résultat visé ne peut être obtenu de façon certaine, étant donné que ce résultat est situé dans l'avenir, qu'on ne peut jamais prévoir l'avenir de façon certaine et qu'on ne parle alors que de probabilités. L'avenir et les résultats précis ne dépendent pas entièrement de nous, même si nous contribuons à les bâtir par notre action. Faisons donc tout ce que nous pouvons, tout ce qui dépend de nous, en sachant que les probabilités devraient alors jouer en notre faveur, mais en ne faisant un drame de rien si les résultats ne sont pas exactement ceux espérés.

Comme je sais que tout se bâtit dans l'esprit avant de se réaliser dans la réalité, j'ai alors avantage, toujours dans la démarche de l'action, à essayer de trouver les bonnes choses à faire pour produire les résultats espérés. Je bâtis alors une stratégie d'action que je transpose dans un plan précis, ayant soin de subdiviser mon grand objectif en objectifs annuels, trimestriels, mensuels, pour littéralement m'obliger à l'action. Et même les objectifs mensuels peuvent être subdivisés en objectifs quotidiens pour me forcer encore davantage à l'action. Si je ne pose pas les gestes qu'il faut pour obtenir les résultats recherchés, les probabilités de les obtenir ne jouent plus en ma faveur, et il faut bien me mettre dans la tête que les autres n'ont pas à me faire de cadeau et à faire le travail à ma place. Si tu ne travailles pas, subis-en les conséquences et ne viens pas pleurer sur le malheur que tu t'es créé toi-même.

Si c'est vrai à propos du travail que j'ai à faire au niveau de la recherche d'idées, de l'objectif et du plan à établir, c'est encore plus vrai au niveau de la réalisation de ces idées, de cet objectif et de ce plan dans mon travail. J'ai à poser les bons gestes, sur une base quotidienne. Et cela exige de petites décisions, de petits efforts qui semblent insignifiants à première vue et qu'on est donc porté à négliger, mais qui s'additionnent pour aller dans le sens de l'accomplissement de l'objectif qu'on s'est donné. Et c'est là que nos habitudes peuvent nous jouer de vilains tours. Car, selon Peter Drucker, l'efficacité est une habitude, c'est-à-dire un ensemble de pratiques, et de bonnes pratiques s'établissent en pratiquant (*The Effective Executive,* page 23). C'est pourquoi il n'y a pas de raison pour ne pas agir: il faut tout simplement se discipliner soi-même geste après geste, effort après effort, jusqu'à ce que ça devienne aisé, facile, une seconde nature. On travaille de la même façon sur son conditionnement psychologique, en pratiquant confrontation après confrontation, jusqu'à ce que cela devienne naturel et quasi-instinctif. Et c'est ainsi qu'on en arrive peu à peu à l'acceptation des choses qu'on ne peut pas changer, et à l'action sur les choses qu'on peut changer.

On ne peut pas changer le passé, mais on peut travailler dans le présent à bâtir l'avenir. Comme ce n'est qu'une question de pratique, tous ceux qui le désirent et qui passent à l'action peuvent devenir efficaces. C'est ainsi que Peter Drucker établit à cinq les pratiques essentielles pour devenir efficace. Il applique ses constatations aux cadres, mais cela reste vrai pour tout le monde au travail. «Il existe essentiellement cinq pratiques, dit-il, cinq habitudes de l'esprit qui doivent être acquises pour devenir un cadre efficace:

1- Les cadres efficaces savent où passe leur temps (...);

2- Les cadres efficaces mettent l'accent sur une contribution vers l'extérieur (...)

3- Les cadres efficaces bâtissent sur leurs forces (...);

4- Les cadres efficaces se concentrent sur le petit nombre de secteurs où une performance supérieure va produire des résultats exceptionnels (...);

5- Les cadres efficaces, finalement, prennent des décisions efficaces.» (*The Effective Executive,* pages 23-24, traduction de l'auteur.)

Donc, pour être efficace, j'ai intérêt à surveiller et à organiser mon temps; à mettre l'accent sur l'extérieur plutôt qu'à me regarder continuellement le nombril; à bâtir sur mes forces et sur celles des gens qui m'entourent; à me concentrer sur les meilleurs secteurs, à me fixer des priorités et à me concentrer sur l'étape et les mini-objectifs à réaliser actuellement, car je ne peux pas tout faire en même temps («qui trop embrasse mal étreint»); à prendre des décisions efficaces, c'est-à-dire des décisions qui sont prises après avoir examiné non seulement les avantages mais aussi les inconvénients de l'affaire, les petites décisions se greffant toutes, par ailleurs, dans le sens de la grande décision prise d'après l'objectif général à poursuivre.

Si je veux bâtir mon avenir, c'est tout de suite, aujourd'hui, que je dois travailler. Cela suppose de la discipline personnelle, mais cela fait partie des pratiques dont parle Peter Drucker. Et ça se développe en pratiquant. Veux-tu te bâtir un avenir qui soit intéressant? Mets-toi tout de suite au travail. N'attends pas. Car si tu reportes à demain, ton demain sera peut-être un autre aujourd'hui où tu te diras que tu fais mieux d'attendre encore à un autre demain. Et tu n'aboutiras jamais à rien. «Ce qui sauve, c'est de faire un pas.

Encore un pas. C'est toujours le même pas que l'on recommence» (Antoine de Saint-Exupéry).

Il y a des risques? Est-ce que tu croyais donc que la réalité devait faire exception pour toi? Le risque, c'est ton investissement dans l'avenir. Peu de réalisations ne comportent pas de risques. Si tu veux réaliser quelque chose, tu dois risquer quelque chose. Car il y a un prix pour tout. Si tu acceptes au besoin de perdre quelque chose en n'exigeant rien, tout ce que tu obtiendras par la suite deviendra du profit net. Mais il ne faut pas oublier que ce profit ne peut venir que de ton action. Ainsi, si tu agis de façon inconditionnellement correcte à l'égard des autres, dans le présent, il y a de fortes chances que cela amène les autres à agir de même à ton égard, à l'avenir, et ce juste retour des choses est d'autant plus gratifiant que tu n'attendais rien. Il s'agit donc d'agir, d'après ton propre jugement, en n'attendant pas que tout le monde t'approuve. Fais le bien, sans rien attendre en retour, et il y a des chances qu'on te le rende un jour ou l'autre. Aime sans chercher à être aimé, et il y a de bonnes chances que tu sois aimé en retour. Donne sans arrière-pensée, et il y a de bonnes chances qu'on te donne en retour. Pose-toi toujours la question: «Où et comment puis-je être le plus utile à mon entreprise?» Puis, fais ce que te dicte ton jugement, et il y a de fortes chances que ton entreprise reconnaisse un jour ce que tu as fait. C'est en agissant que tu te développes toi-même, et c'est en te développant toi-même que tu deviens plus précieux pour ton entreprise.

Écoute donc un peu la parole de Marc-Aurèle: «Es-tu donc né pour te donner de l'agrément? Et, somme toute, es-tu fait pour la passivité ou pour l'activité? Ne vois-tu pas que les arbustes, les moineaux, les fourmis, les araignées, les abeilles remplissent leur tâche respective et contribuent pour leur part à l'ordre du monde? Et toi, après cela, tu ne veux pas faire ce qui convient à l'homme? Tu ne cours point à la tâche qui est conforme à la nature?

— Mais il faut aussi se reposer.

— Il le faut, j'en conviens. La nature cependant a mis des bornes à ce besoin, comme elle en a mis au manger et au boire. Mais toi pourtant, ne dépasses-tu pas ces bornes, et ne vas-tu pas au-delà du nécessaire? Dans tes actions, il n'en est plus ainsi, mais tu restes en deça du possible. C'est qu'en effet, tu ne t'aimes point toi-même, puisque tu aimerais alors, et ta nature et sa volonté. Les autres, qui aiment leur métier, s'épuisent aux travaux qu'il exige, oubliant bains et repas. Toi, estimes-tu moins ta nature que le ciseleur la ciselure, le danseur la danse, l'avare l'argent, et le vaniteux la gloriole? Ceux-ci, lorsqu'ils sont en goût pour ce qui les intéresse, ne veulent ni manger ni dormir avant d'avoir avancé l'ouvrage auquel ils s'adonnent. Pour toi, les actions utiles au bien commun te paraissent-elles d'un moindre prix, et dignes d'un moindre zèle?» (*Pensées pour moi-même,* édition Garnier-Flammarion, pages 81-82).

Mais, me diras-tu, quand donc cesserai-je mon action? Et je te répliquerai: jamais. Tu ne cesseras jamais d'agir, si tu désires toujours quelque chose et si tu veux l'accomplir. Nos désirs sont infinis. Et c'est seulement dans l'action qu'on les réalise, peu à peu, inlassablement. Et puis on se donne de nouveaux objectifs, et on recommence son action pour les atteindre aussi. Nous sommes un monde en marche. Éternellement. Vers demain. Vers l'an prochain. Vers l'avenir. Et c'est justement ça la vie: marcher pour accomplir son destin, et son destin on le choisit en le prenant en mains et en agissant. La vie c'est travailler, bâtir, apprendre, découvrir, incessamment. Il ne faut pas se surprendre du fait que les éternels passifs qui attendent tout des autres et de la vie, et qui exigent abondamment sans jamais rien donner, qui chiâlent sans jamais s'impliquer, tombent et demeurent dans la dépression, car la seule façon de s'en sortir c'est de cesser d'exiger une vie parfaite et de passer à l'action pour réaliser ses objectifs.

Les Japonais l'ont compris, eux qui sont devenus le peuple le plus productif au monde. Robert H. Hayes rapporte, dans un article paru dans la *Harvard Business Review* de juillet-août 1981 que, si les produits japonais se sont établi une réputation enviable sur les marchés mondiaux, c'est dû à une transition extraordinaire qui a nécessité 25 ans de dur travail pour passer de produits de pacotille à des produits de qualité. Et il explique que les Japonais n'ont jamais considéré leurs problèmes de production comme réglés et qu'ils n'ont jamais cessé de s'améliorer, pas à pas, peu à peu, mais incessamment.

C'est stressant de travailler comme ça? Peut-être, oui, mais le stress fait partie de la vie. Et l'on peut maîtriser en partie son propre stress en maîtrisant ses exigences intérieures, car, d'après Hans Selye: «De nombreuses études conduites dans ce domaine montrent que les troubles cardio-vasculaires, aussi bien que d'autres maladies du stress (ou «maladies de l'adaptation») dépendent moins du genre d'exigences auxquelles un individu a à faire face que de la réaction qu'il y oppose» (préface de *Stress, santé et rendement au travail* de S. Dolan et A. Arsenault). Si, donc, un individu réussit à diminuer ses exigences personnelles eu égard aux exigences de la tâche, il peut diminuer ses risques de troubles cardio-vasculaires ou d'autres maladies du stress.

D'ailleurs, l'étude de Dolan et Arsenault présente plusieurs hypothèses intéressantes, dont la suivante: «Admettons, par hypothèse, que c'est la correspondance entre les compensations offertes par la tâche et celles que l'on en retire qui déclenche le sentiment de satisfaction. Un travailleur peut, à un moment donné, se sentir satisfait parce que ses attentes sont modérément élevées et que les récompenses obtenues y correspondent; il peut, à un autre moment, se sentir tout aussi satisfait avec un degré de récompense moins élevé du seul fait que ses attentes sont devenues moins élevées. Il sera alors satisfait tout le temps, mais il existe une différence non négligeable entre ces deux situations» (ibid., page 45). L'explication de cette différence ne se trouve-t-elle pas dans notre définition du bonheur?

Même si les concepts de bonheur et de stress au travail sont différents, l'opinion suivante nous permet de dire que le stress engendré dans l'action peut être tempéré par la diminution de nos exigences: «Quand c'est l'ensemble du complexe «stresseur-stressé» qui est considéré, les auteurs sont un peu plus précis dans leurs définitions. Pour Lazarus, le stress apparaît quand, suite à une comparaison entre la force qui s'exerce dans l'environnement et la capacité d'y faire face, le sujet non seulement se perçoit comme incapable de faire face, mais considère aussi ce fait comme dommageable pour lui. Tout se passe donc, pour Lazarus, dans l'univers psychologique du sujet, et c'est aujourd'hui le genre de définition qui est le plus universellement accepté» (ibid., page 65).

Toutefois, stress et bonheur demeurent deux notions vraiment différentes. Des événements heureux n'empêchent pas l'apparition de stress, le stress étant défini par rapport à l'adaptation requise d'un individu devant de nouvelles situations, tandis que le bonheur se trouve dans l'écart entre nos exigences et la réalisation de nos désirs.

En conclusion, selon nos objectifs, nous pouvons bâtir notre propre bonheur au travail grâce à l'action, dans la persévérance, pour tout ce qui dépend de nous, tout en maîtrisant nos exigences et en développant l'acceptation de ce qui ne dépend pas de nous.

Chapitre V

Mon bonheur en rapport avec mon salaire et mon statut dans l'entreprise

Le directeur général m'avait informé, lors de l'admonestation qu'il m'avait servie au moment de l'organisation d'un syndicat dans notre entreprise, que mon salaire serait gelé jusqu'à ce que les problèmes majeurs de mon unité administrative soient réglés et que la situation se soit sensiblement améliorée. Cela faisait partie des coups durs que je reçus alors.

Sur le moment, la question salaire ne m'avait pas tellement frappé, perdue qu'elle était dans l'opération d'ensemble. Mais cette question me frappa cependant de plein fouet lorsque ce fut le temps, pour l'entreprise, de reviser les salaires de ses cadres. Comme les augmentations avaient été faibles pendant plusieurs années, et que le moment était maintenant arrivé d'effectuer du rattrapage pour les salaires des cadres, plusieurs cadres ayant beaucoup moins de responsabilités et d'expérience que moi reçurent des augmentations faramineuses et leur salaire devint plus élevé que le mien. Je me sentais dévalorisé et infériorisé du fait que mon salaire à moi était gelé.

Cet événement donna naissance à quantité d'idées ir-réalistes. Ayant commencé à travailler moi-même sur mon conditionnement psychologique, et sachant que ma dépression était causée par les idées irréalistes que j'entretenais dans mon esprit, je m'attachai à relever ces idées irréalistes qui me faisaient me sentir mal dans ma peau. Pourquoi donc es-tu dépressif et infériorisé, me demandai-je? Si tu es dé-pressif, c'est que tu te dis que ta valeur personnelle a diminué du fait de la diminution de ton salaire, que les autres vont juger que tu es moins bon et qu'ils vont peut-être même se réjouir de ta dégringolade, toi qui étais sensé être le cadre le plus important parmi tous ceux qui relèvent directement du directeur général. Et tu te dis encore qu'ils ont bien raison de le penser, car toi-même tu le penses. Tu t'es fait jouer comme un enfant face à cette organisation syndicale que tu n'as pas su contrecarrer. Alors tu ne mérites pas mieux. Mais c'est humiliant. Car ta valeur a pris un très dur coup. Tu deviens ainsi la risée de tous, et tu deviens moins important que plusieurs cadres qui ont pourtant un rang inférieur au tien dans la hiérarchie. Que c'est donc affreux d'être ainsi ra-baissé, diminué, humilié, et que ta valeur relative devienne moindre que celle de personnes que tu dépassais autrefois. Le pire, c'est que des indiscrétions ont fait que ta déchéance est connue et qu'elle devient ainsi totale. C'est abominable et effroyable que cela t'arrive! Jamais tu ne t'en remettras. Une telle chose n'aurait jamais dû t'arriver à toi.

Voilà les idées qui remplissaient mon esprit. Il n'est pas surprenant que je me sois senti déprimé et infériorisé. Mais quelle est donc la réalité, en regard de tout ça, car tu sais bien que c'est grâce à la confrontation de ces idées irréalistes avec la réalité et à la croyance que tu y mets que se rétablira ton bien-être, ton équilibre émotif.

La réalité, c'est que ma valeur ne change jamais, comme personne humaine, peu importe ce que je fais. Ce n'est pas parce que mon salaire a diminué que je vaux moins comme individu. Peut-être mes services valent-ils moins et sont-ils moins recherchés, à cause de l'évaluation que d'autres individus en font dans leur esprit, mais la réalité, elle, ne fait aucune évaluation. Elle prend les êtres tels qu'ils sont. Et, pour elle, je n'en suis pas moins un être humain, et pas plus un être humain, car le caractère humain est indépendant de mon salaire. Je dois donc accorder mon esprit avec la réalité et être objectif comme elle vis-à-vis de moi-même. C'est la seule façon d'être heureux, tout en travaillant par ailleurs à réaliser mes désirs d'un meilleur salaire pour l'avenir, et cela viendra en améliorant ma performance.

Les autres vont dire que j'ai pris une dégringolade importante? En quoi leur opinion peut-elle me faire mal si je mets mon esprit en accord avec la réalité? Car les dégringolades et diminutions de valeur n'existent pas dans la réalité, la réalité n'étant jamais évaluative et ne comportant aucune échelle de valeurs ni critères de mesure. Je ne suis pas obligé de trouver ça agréable, puisque cela contrecarre un de mes désirs. Cela peut être très désagréable même, mais cela n'est pas abominable et effroyable, et ça ne dépasse pas le maximum possible du désagréable, car, par définition, un maximum ne peut pas être dépassé. Aussi bien alors cesser d'exiger que la réalité réponde à tous mes désirs. Est-ce que je peux y faire quelque chose dans l'immédiat? Non? Alors il est préférable de cesser de gémir car mes gémissements n'arrangeront rien. Il arrive à tout le monde des choses désagréables, et il n'y a rien dans la nature qui dit que je doive en être exempté. Est-ce que je peux y faire quelque chose dans le futur? Oui, je le peux, car en améliorant la gestion de mon unité administrative, mon salaire sera éventuellement réajusté.

Je me suis fait jouer comme un enfant en laissant passer cette organisation syndicale? Qu'à cela ne tienne! Comment puis-je exiger que les autres n'aient aucun droit, comment puis-je exiger qu'ils obéissent à tous mes désirs? Les autres sont des êtres humains comme moi, libres de leurs choix comme moi et ils ne sont pas du tout obligés par nature de me faire plaisir. Je ne trouve pas agréable d'avoir à traiter avec un syndicat, mais il s'agit encore là d'un événement indépendant de ma volonté. Aussi bien l'accepter comme tel et voir comment je peux composer avec cette réalité.

Que je devienne la risée des autres ne change rien à ma valeur. Et mon image n'est pas moi. Comment paraître moins important par rapport à d'autres cadres de l'entreprise, puisqu'aucun individu n'est plus important que n'importe quel autre, nulle part, quand on le regarde comme individu. Il y a, bien sûr, certains individus dont les services sont plus recherchés que ceux de certains autres individus, mais c'est encore là une question de goûts et de jugements, donc quelque chose qui se retrouve dans l'esprit des gens et non dans la nature.

Lorsque, enfin, je me dis qu'une telle chose n'aurait jamais dû m'arriver à moi, je crée une exigence à laquelle la réalité ne peut répondre. Car si une telle chose n'avait pas dû arriver, elle ne serait tout simplement pas arrivée, ç'aurait été automatique. Or, je vois bien que la réalité ne peut répondre de façon automatique à mes désirs et que, en conséquence, je ne peux aucunement en faire une exigence. Encore là, je peux être heureux en rapport avec mon salaire et mon statut dans l'entreprise en cessant tout simplement d'exiger, ce qui ne m'empêche pas de désirer et d'agir pour réaliser mes désirs.

Le problème des individus au travail, relativement à leur salaire et à leur statut dans l'entreprise, c'est que l'entreprise a ses règles et ses normes, jamais parfaites, pour régir la conduite de ses employés et les amener à réaliser ses objectifs. Par rapport à la réalisation des objectifs de l'entreprise, il est compréhensible que des employés soient jugés plus importants que d'autres, mais cette évaluation des employés se fait en regard de critères établis par des individus, dans un domaine extrêmement important de notre vie, le travail. Les personnes évaluées ont alors tendance à transposer cette évaluation d'employés à leur être propre, et elles s'évaluent comme personnes humaines valables ou non valables selon que leur salaire et leur statut s'améliorent ou se détériorent, de façon absolue ou de façon relative. Cela est d'autant plus vrai que les évaluateurs ont la même tendance que les évalués, et qu'ils s'érigent souvent en juges des personnes plutôt que de se limiter à juger simplement les actes de ces personnes.

La personne qui se dit qu'elle a perdu de la valeur tombe dans la dépression, car la dépression vient précisément de l'idée irréaliste que nous ne valons rien, que nous sommes des nullités, des êtres ne méritant pas de vivre. L'on voit alors que la dépression est créée par l'exigence de valoir plus. Et l'on ne voit même pas que notre valeur comme êtres humains ne change jamais, que jamais la valeur d'un être ne peut être influencée par son avoir ou son statut, et que ces indices extérieurs ne sont déterminés que d'après les goûts et les évaluations de l'entourage. Si l'on arrivait à chasser cette exigence d'image et de valeur chez plusieurs employés dans nos entreprises, on les verrait devenir beaucoup plus épanouis.

Le philosophe Epictète a parlé ainsi de la différence entre l'avoir et l'être, entre la personne et ses actes: «De tels raisonnements ne sont pas cohérents: «Je suis plus riche que toi, donc je te suis supérieur. Je suis plus éloquent que toi, donc je te suis supérieur.» Mais ceux-ci sont cohérents: «Je suis plus riche que toi, donc ma richesse est supérieure à la tienne. — Je suis plus éloquent que toi, donc mon éloquence est supérieure à la tienne. Mais tu n'es toi-même, ni richesse, ni élocution » (*Manuel d'Epictète*, Édition Garnier-Flammarion, page 228).

De plus, étant donné la tendance qu'ont les individus à s'évaluer d'après les salaires gagnés, il est dangereux pour les entreprises de trop compter sur l'argent comme élément de motivation, car l'argent intervient alors pour diviser plutôt que pour unir, et l'on sait combien la cohésion et la collaboration dans la poursuite des objectifs sont importantes pour l'entreprise. Chacun se compare avec les autres pour demander davantage, chacun y va de sa surenchère, chacun exige plus, estimant que c'est un droit absolu.

En conséquence, si je veux être heureux à mon travail, j'ai avantage à essayer de développer au maximum mon autonomie de jugement et d'apprendre à juger les choses selon ce qu'elles sont dans la réalité, et il en va du salaire et du statut comme du reste. S'il est vrai qu'il est intéressant d'augmenter son salaire et ses conditions de travail à court terme, on se rend malheureux soi-même à toujours exiger plus, et il arrive même parfois que des groupes mettent en danger leur propre survie en exigeant trop de leur entreprise, ce qui amène l'entreprise à la faillite et détruit leur propre gagne-pain. D'ailleurs, ne se fie-t-on pas souvent à de simples illusions de pouvoir et de prestige: besoin de secrétaires, d'adjoints, de bureaux luxueux, de confort, d'un certain niveau dans l'organigramme, besoins qui ne sont pas toujours inspirés par une plus grande efficacité?

Aussi bien alors penser à l'action la plus susceptible de me procurer des conditions de salaire et de travail intéressantes. Et la meilleure façon de susciter pour moi-même de telles conditions n'est-elle pas d'abord de contribuer moi-même le plus efficacement possible à la réalisation des objectifs de l'entreprise, en faisant bien mon travail et en montrant à mon entreprise ce que je suis capable de faire et ce que j'ai effectivement fait?

C'est ce que je conclus finalement de toutes ces réflexions, et je me donnai le plus entièrement possible à l'action, tout en travaillant sur mes émotions grâce au merveilleux moyen de la confrontation. Je travaillai en essayant de me détacher le plus possible de la question d'argent et en cessant d'y voir un affront à mon image et à mon statut dans l'entreprise. Et c'est ainsi que je pus utiliser toutes les forces de mon esprit dans les différentes stratégies que j'utilisais, sans déprimer moi-même continuellement en me torturant à cause de ma supposée valeur diminuée. Avec le temps, après avoir établi la coopération et la communication dans mon unité administrative, et après que l'efficacité et la productivité s'en soient ressenties au point qu'elles s'élevèrent à un niveau jamais atteint auparavant, on reconnut mon travail et on réajusta mon salaire à un niveau que je n'osais même plus espérer.

Mais il faut dire que je n'ai jamais cessé de désirer me rétablir dans une situation intéressante, du point de vue salaire, et cela même si j'avais diminué mes exigences, car l'absence de tout désir veut dire passivité, tandis que l'insatisfaction incite à l'action. On peut appliquer encore aux individus ce que Peter Drucker applique aux entreprises, dans un mot d'ordre qu'on pourrait traduire ainsi: «Aujourd'hui: Mieux et Plus! Demain: Nouveau et Différent!» (*Management,* page 791).

Il n'y a d'ailleurs pas que l'argent qui motive les employés dans les entreprises, même si le salaire constitue pour la presque totalité des employés la première motivation du travail. Bien sûr, le salaire fait immédiatement partie du contrat de travail entre un employeur et son employé: «Je te donne mes services contre le salaire que tu me remettras» pourrait dire l'employé à son employeur. Mais l'employé compte aussi trouver dans son travail un milieu de vie, des échanges sociaux, une certaine atmosphère et surtout la possibilité de réaliser quelque chose d'utile à la société. Mais encore là, il est important de ne pas exiger la perfection, même si on peut désirer beaucoup.

Quelques gestionnaires croient qu'il est encore possible d'utiliser la peur pour motiver les employés. Or, l'on sait qu'il est impossible qu'une personne humaine motive une autre personne humaine, un être humain ne pouvant que se motiver lui-même par l'intérêt qu'il voit dans quelque chose. La motivation des autres peut cependant être possible si on l'interprète dans le sens de faire voir aux autres leurs intérêts dans les objectifs à réaliser. Il est peu probable que l'intérêt soit bien fort lorsqu'on utilise la peur, car la peur est une incitation négative, l'employé étant alors motivé par le fait qu'il veut éviter une punition, un châtiment, une vengeance. La seule vraie motivation, selon Peter Drucker, repose plutôt dans une incitation interne, la responsabilité. Cette responsabilité est faite de respect mutuel, de fermeté dans la poursuite des objectifs et de confiance mutuelle également puisque l'entreprise consent à décentraliser au maximum pour confier le plus de responsabilités possible à chacun. L'employé sait immédiatement qu'il a atteint ses objectifs et qu'il peut recevoir son salaire en échange par la simple constatation des résultats.

J'en conclus donc que des exigences trop grandes, du point de vue salaire et statut d'emploi, promotions et marques de prestige qu'on recherche avidement, ne peuvent que contribuer à nous rendre malheureux. Cela ne veut pas dire qu'on ne peut désirer et rechercher un meilleur salaire et un meilleur statut, mais seulement à condition de n'en point faire une exigence. La meilleure façon d'obtenir de telles choses, qui sont agréables, est encore de se donner à sa tâche et d'assumer ses responsabilités, quitte même à en demander à son entreprise quand cette dernière n'en donne pas. Notre bonheur sera alors d'autant plus grand que nous obtiendrons un salaire et un statut plus élevés et que nos exigences relativement à ce salaire et à ce statut étaient basses. Car le bonheur est constitué par l'écart entre nos exigences et la réalisation de nos désirs.

Chapitre VI

L'anxiété,
résultat d'une exigence

Avec le temps, je m'aperçus que l'anxiété accompagnait presque toujours, chez moi comme chez les autres, d'autres émotions désagréables et que presque tous, incluant les plus forts, avaient leurs moments d'anxiété. C'est un phénomène universel dans la vie au travail comme dans la vie courante.

Je constatai en particulier combien l'anxiété était nuisible au travail en suivant le cas de Conrad, chef de section relevant de moi. Conrad était d'une douceur et d'une serviabilité peu communes pour un chef de section. D'une loyauté reconnue, il avait été nommé chef de section par mon prédécesseur, non pas pour sa compétence et son initiative, mais plutôt pour sa serviabilité et même sa servilité tellement il se dévouait corps et âme à ses supérieurs, semblant n'avoir pour lui-même aucun besoin personnel. Je devinai cependant assez vite que sa grande serviabilité cachait beaucoup d'anxiété. Anxiété vis-à-vis de moi d'abord, son patron, et anxiété également devant ses subordonnés car il ne réussissait pas vraiment à être ferme dans la poursuite de ses objectifs, d'où des résultats mitigés.

Que se passait-il donc dans l'esprit de Conrad? Car l'on sait que, chaque fois que nous vivons des émotions désagréables, des idées irréalistes en sont la cause. Il se disait sûrement des phrases comme les suivantes: mon patron, Jules, représente un danger pour moi, car c'est lui qui détient l'autorité. S'il constate que je ne fais pas bien mon travail, il pourra recommander que mon salaire soit gelé ou même diminué, que je sois muté ou même rétrogradé, et peut-être voudra-t-il se débarrasser de moi en me congédiant. Or, devant de tels dangers, je suis fondamentalement incompétent, incapable de faire face, car j'ai si peu de qualifications que je peux être remplacé par n'importe qui. Et où me retrouverais-je alors, et comment pourrais-je me trouver un autre emploi et faire une nouvelle carrière? Mon avenir risque alors d'être irrémédiablement touché pour mon plus grand malheur.

Notons que les relations avec un patron sont souvent empreintes d'anxiété. Le patron représente en effet le pouvoir, et il peut arriver que ses décisions aient un impact considérable sur la carrière de ses subordonnés. Une certaine peur peut être source d'une saine prudence qui oriente un subordonné dans le choix de la meilleure attitude à adopter à son travail. En ce sens, la peur du patron est semblable à la peur que nous pouvons éprouver devant n'importe quel être humain qui sera tenté de nous maltraiter si nous le maltraitons, et de nous bien traiter si nous le traitons bien, la différence étant que la peur du patron se situe dans notre travail, un domaine particulièrement important de notre vie. Mais l'anxiété ajoute à la peur l'idée que, devant un danger qui peut être réel, nous sommes incapables d'agir et absolument incompétents.

Par ailleurs, la relation inverse, soit celle de supérieur à subordonné, comporte souvent elle aussi des éléments d'anxiété, car les subordonnés travaillent ensemble à la réalisation d'objectifs qui relèvent de la responsabilité du supérieur, objectifs d'après lesquels le supérieur sera jugé, selon qu'il atteint ou non les résultats visés. Qu'une certaine peur des subordonnés existe peut être souhaitable et inciter le supérieur à les bien traiter, de sorte que le principe de la réciprocité de traitement les incitera alors à bien traiter leur supérieur en retour. L'on sait combien un groupe de subordonnés bien organisé peut concourir à la bonne ou à la mauvaise réputation d'un supérieur, et même influencer grandement sa carrière. Il y a donc un danger réel, pour un supérieur, que de mauvaises relations avec ses subordonnés lui amènent un préjudice considérable. La peur devant ce danger peut être inspiratrice de gestes appropriés qui orientent l'équipe vers une plus grande efficacité, mais l'anxiété ajoute à cette peur, qui peut être salutaire, l'aspect d'incapacité et d'incompétence pour agir. Et c'est alors que les choses se gâtent.

Conrad se disait donc intérieurement qu'il était en grand danger vis-à-vis de moi, son patron, et vis-à-vis de ses subordonnés, et il se sentait coïncé entre les deux. Il se disait que sa situation comportait de grands dangers et qu'il était fondamentalement incompétent pour y faire face. Comme cela influençait grandement son efficacité, je résolus de l'aider pour qu'il apprenne à dominer son anxiété. Je lui appris l'approche émotivo-rationnelle et la confrontation de ses idées irréalistes.

Pour ce faire, il suffisait de l'amener à se poser systématiquement des questions quant à l'importance du danger et quant à sa supposée incompétence pour y faire face. Je l'amenais ainsi à plus d'autonomie, ce qui comportait à la fois des avantages et des inconvénients pour moi, car je risquais de perdre des informations qu'il me prodiguait largement à cause de son anxiété tout en gagnant en temps à cause du support moindre que j'aurais à lui fournir. Je lui demandai donc quel danger réel je représentais pour lui? Il me répondit que j'avais la possibilité de mal le noter, de recommander que son salaire soit gelé, qu'il obtienne ou non des promotions, et que cela pouvait influencer sa carrière future et même indirectement sa vie familiale. Mais quel danger réel y a-t-il dans le fait d'être mal noté, d'avoir un salaire gelé ou de ne pas avoir de promotion? Sa valeur comme être humain en serait-elle diminuée pour autant, car l'on revient ici au schème de la valeur personnelle dont on a parlé au chapitre précédent? Or, l'on sait que jamais notre valeur comme individu n'est changée, dans la réalité, la réalité ne faisant aucune évaluation d'aucune sorte. Cela l'empêcherait-il de vivre? Oh, peut-être qu'il devrait se priver avec sa famille de quelques caprices et gâteries, mais notre société moderne prévoit toutes sortes de mesures de bien-être pour les sans-emploi, de sorte que très peu d'individus souffrent de la faim. Vivrait-il dans une société où sévit la famine et où il se trouverait acculé à la menace d'une mort prochaine par la faim, il ne lui servirait encore à rien de s'en faire pour l'avenir puisque ce n'est pas l'anxiété qui pourrait lui procurer du pain.

Devant tout danger, nous avons donc avantage à nous arrêter pour en évaluer l'importance réelle. Et comme les humains ont souvent tendance à surévaluer l'importance du danger, cela leur nuit considérablement à cause de la diminution de leur initiative dans l'action qu'il serait souhaitable d'entreprendre pour y faire face. Si le danger est moins grand qu'on ne le pensait de prime abord, à quoi sert-il donc de s'en faire? Et si le danger était, par hasard, plus grand qu'on ne le pensait au premier abord? Encore là, il ne serait pas souhaitable de s'en faire, car rien ne peut nous nuire plus que la paralysie qui peut s'ensuivre. La question la plus importante à se poser est donc la suivante: y a-t-il quelque chose à faire pour changer la situation en ma faveur? Le problème de l'anxiété vient en effet du fait que les gens s'imaginent qu'il n'y a rien à faire. Cela s'applique au travail, dans les relations du subordonné au supérieur, et du supérieur au subordonné, les deux croyant souvent qu'il n'y a rien à faire pour améliorer leurs relations.

Je pus ainsi démontrer assez facilement à Conrad que je n'étais pas aussi menaçant qu'il pouvait le croire, que ma propre situation comportait des pouvoirs très limités et des contraintes très fortes, et que toutes ses interventions à mon égard auraient avantage à être inspirées par la bonne réalisation des objectifs de l'entreprise plutôt que par l'anxiété, ce qui ne pouvait l'amener qu'à de moins bonnes réalisations. Il était bien évident que moi aussi j'étais un être humain désirant être obéi et apprécié de mon entourage, mais j'avais par ailleurs un intérêt évident à ne pas me baser sur la sympathie que les gens m'inspiraient, sur leur «gueule sympathique» pour les évaluer dans leur travail. Ce qui comptait vraiment pour moi, c'était le résultat obtenu. Mon intérêt à ce sujet était tellement évident que n'importe lequel de mes subordonnés pouvait me rappeler cet intérêt de base advenant le cas où je l'oublie. Car si moi j'oublie cet objectif primordial, il y a des chances que mes propres supérieurs ne l'oublient pas, eux.

De la même façon, j'entrepris de démontrer à Conrad que le danger représenté par ses subordonnés n'était pas tellement grand et que, encore là, il avait avantage à prendre comme seul critère moral de son action les objectifs de la compagnie et de toujours agir dans le sens de ces objectifs, car c'est encore la meilleure façon d'éliminer l'anxiété. Conrad en vint à me demander de moins en moins de permissions pour des banalités et se risqua de plus en plus à agir par lui-même, ce qui diminua considérablement son anxiété. Il prit aussi plus de risques dans son comportement avec ses subordonnés, et il s'en trouva également beaucoup moins anxieux.

C'est l'action qui est le meilleur antidote contre l'anxiété. «Si tu t'affliges pour une cause extérieure, ce n'est pas elle qui t'importune, c'est le jugement que tu portes sur elle. Or, ce jugement, il dépend de toi de l'effacer à l'instant. Mais, si tu t'affliges pour une cause émanant de ta disposition personnelle, qui t'empêche de rectifier ta pensée? De même, si tu t'affliges parce que tu ne fais pas une action qui te paraît saine, pourquoi ne la fais-tu pas plutôt que de t'affliger?» (Marc-Aurèle, *Pensées pour moi-même,* page 139).

Derrière les idées irréalistes qui sont la cause de l'anxiété: il y a un danger et je suis incompétent pour y faire face, il y a toujours l'exigence que l'on ne devrait pas avoir à faire face à des dangers, qu'on devrait être exempté des choses désagréables arrivant à tous les autres humains et que l'on devrait être parfait pour oser entreprendre une action. Cette idée de l'exigence à la base de l'anxiété est très bien traduite par Lucien Auger, dans son livre *L'Amour, de l'exigence à la préférence:* «(...) le bonheur est l'art du possible. Si la personne, à l'encontre du bon sens, maintient ses exigences, elle ne peut qu'être affectée de divers sentiments désagréables et paralysants. En tête de liste de ces émotions vient l'anxiété. Comme je l'ai déjà expliqué dans *Vaincre ses peurs* (1977), une fois qu'une personne a défini qu'elle avait absolument besoin de quelque chose, il lui est impossible de connaître le repos et la paix, même quand elle a obtenu ce qu'elle a défini comme un besoin. En effet, une telle personne sera évidemment anxieuse et troublée pendant sa recherche de l'objet de son amour. Elle sera continuellement préoccupée de trouver le «bon» être à aimer, d'en faire la conquête et de se l'attacher à elle exactement de la manière qu'elle exige. D'où inquiétudes, appréhensions, crainte de ne pas trouver l'amant idéal, crainte de se tromper dans son choix, crainte de rester seule si elle ne le trouve pas » (page 45).

L'important est donc d'agir, même si l'action entreprise n'est pas parfaite. Autrement c'est l'inhibition et la panique intérieure. L'action entreprise avec l'idée que le résultat ne sera pas nécessairement parfait, donc en se préservant d'une exigence intérieure qui soit très élevée, a plus de probabilités de succès que la passivité. L'anxiété est causée par une idée irréaliste concernant l'avenir, et l'on sait que l'avenir n'est pas bâti par les seules idées qu'on en a, à moins que ces idées mènent à l'action. Ce qui contribue à bâtir l'avenir, c'est notre action dans le présent. Et c'est immédiatement, dans le présent, qu'il est important d'agir, et cela malgré nos peurs. Agir à court terme, en pensant bien sûr à une orientation à long terme, mais agir tout de suite en se donnant des priorités. Ce dernier point, se donner des priorités, est très important, car tout vouloir et tout faire en même temps implique qu'on ne fait rien. On tombe dans la recherche du perfectionnisme, dans la recherche de la solution unique et parfaite pour régler plusieurs problèmes différents, ce qui risque de retarder indéfiniment l'action. Or, l'on sait combien il est important, pour être efficace, de se concentrer sur la partie d'action à faire tout de suite, en y mettant toute son énergie.

Une motivation plus grande à l'action pourrait être tirée du fait que, dans les milieux de travail, l'on vit dans une organisation, et que l'organisation peut mettre en valeur les forces de chacun tout en neutralisant ses faiblesses. Il suffit de faire appel aux qualifications particulières de chacun et de leur permettre de s'exprimer et de se développer au maximum en orientant l'ensemble des qualifications différentes vers la réalisation des objectifs communs. Il se produit alors un phénomène de synergie, phénomène qui consiste essentiellement dans le fait que les forces conjuguées de plusieurs personnes sont plus élevées que la somme des forces individuelles. La synergie ainsi développée se comprend bien quand on pense que les forces de chacun sont mises en valeur et que ses faiblesses sont neutralisées grâce à l'organisation. Or, si l'on comprend bien ce principe, on peut inciter chacun à beaucoup plus d'initiative et à beaucoup plus d'action dans son domaine, car l'on sait qu'il agit dans son champ de connaissances et que c'est là qu'il peut se permettre de prendre le plus de risques et d'en retirer du profit pour l'organisation. Il arrive malheureusement que certains milieux de travail incitent à l'inhibition et à la paralysie du fait qu'ils mettent en valeur les faiblesses et neutralisent les forces des individus qui en font partie, contribuant ainsi à renforcer leurs compétiteurs sur les différents marchés. On ne comprend pas alors, dans ces organisations, que l'augmentation de l'anxiété chez les individus, loin d'être motivante, est plutôt paralysante, car l'anxiété est basée sur l'exigence et non sur le désir.

Il s'agit donc de travailler, et de travailler dans le présent, dans l'immédiat, car c'est avec le travail du présent qu'on fabrique l'avenir. Cela constitue justement le contraire de s'inquiéter pour l'avenir, car cela ne donne rien et peut même nuire. Pourquoi ne pas penser, au travail comme dans sa vie personnelle, à cette parole de Jésus: «Qui d'entre vous d'ailleurs peut, en s'en inquiétant, ajouter une coudée à la longueur de sa vie?» (Lc 12-25).

Un aspect qui occasionne beaucoup d'anxiété aux individus dans leur milieu de travail se retrouve dans les changements qu'on y apporte. C'est pourquoi on parle beaucoup de résistance au changement, et l'on va parfois jusqu'à prétendre que les humains sont réfractaires par nature au changement. Or, il suffit de considérer combien ces mêmes employés, supposément réfractaires au changement au travail, sont entichés des dernières nouveautés et achètent ou désirent les derniers gadgets électroniques sortis sur le marché, pour voir qu'ils ne sont pas par nature opposés au changement. Au contraire. Mais les employés voient dans les changements intervenant dans leur milieu de travail de grands dangers et ils se sentent incapables d'y faire face. Le problème est que souvent on ne leur dit pas à quoi servent ces changements, combien cela peut être utile pour le maintien de la compétition avec les autres entreprises et donc, indirectement, pour leur propre sécurité et leur propre avenir. On ne leur fournit pas non plus une période de transition et de formation suffisamment longue qui leur permette d'assimiler progressivement les nouvelles procédures et connaissances requises.

On ne cultive pas chez les employés l'intérêt naturel qu'ils ont pour les choses nouvelles, mais on les plonge plutôt dans l'anxiété à cause d'une mauvaise communication. Or, l'on sait que l'emploi à vie qu'on retrouve dans de nombreuses entreprises au Japon, conjugué avec le désir d'apprendre chez les employés et une formation permanente prise en mains par l'entreprise contribuent à permettre une robotisation plus poussée des entreprises, les humains étant remplacés par des robots sans perdre leur job. Cela permet de recycler, grâce à la formation, les travailleurs déplacés, lesquels peuvent ainsi accumuler de nouvelles connaissances. Et les connaissances ainsi accumulées par un grand nombre de travailleurs permettent, à nouveau, de poursuivre plus loin la robotisation et d'accumuler des avantages importants pour soutenir la compétition sur le marché.

Est-ce à dire que l'on doit voir en rose tout ce qui se passe dans nos milieux de travail et dans la société? Pas du tout, car il y a et il y aura toujours des choses qui sont désagréables pour les humains animés de quantité de désirs. Ainsi, le chômage n'est pas plaisant puisqu'il diminue la quantité d'argent disponible pour l'acquisition de différents biens. Mais, devant des événements qui ne sont pas encore arrivés et qui, en conséquence, ne sont pas du domaine des certitudes mais seulement de celui des probabilités, il ne sert à rien de s'en faire et de tout voir comme une catastrophe, car cela ne fait que créer de la panique et diminuer nos propres capacités d'agir pour changer les événements. Tout le monde connaît des cas de gens qui sont morts d'un infarctus suite à une grande anxiété vécue lors d'un événement désagréable, alors même que plusieurs autres traversaient sans problème majeur le même événement désagréable.

Il ne faut pas oublier par ailleurs que les nouvelles concernant des événements désagréables sont mises en évidence dans les journaux, à la radio et à la télévision, de sorte que l'on parle facilement d'inflation ou de dépression économique, de catastrophes de tous genres, de conflits de travail et de grèves, de guerres, de meurtres, de viols et de violence, alors qu'on ne parle pas de ce qui va bien. Quand on place en parallèle la publicité qui incite à la multiplication des besoins, les pauvres humains que nous sommes en viennent à se créer des exigences incommensurables, exigences de toujours avoir une vie parfaite, exigences de ne jamais vivre d'événements désagréables, exigences de tout recevoir des autres. De là beaucoup d'anxiété devant l'appréhension d'événements désagréables.

L'anxiété tend à se réaliser dans son équivalent physique. C'est ce que Lucien Auger appelle «les prophéties auto-accomplissantes»: «L'anxiété, à son tour, provoque, comme toutes les émotions, un ensemble de réactions physiques et mentales bien connues: palpitations cardiaques, bouffées de chaleur, sueur, modification du rythme respiratoire et, au plan mental, confusion de la pensée, obsessions et diminution générale de la capacité de réfléchir lucidement et de façon réaliste. L'ensemble de ces phénomènes physiques et mentaux influence à son tour le comportement concret extérieur de la personne subissant l'anxiété. Les réflexes physiques sont affectés, les gestes peuvent devenir brusques ou, au contraire, ralentir jusqu'à la stupeur. Il est clair que la réalisation de l'action devient alors plus difficile, que les risques d'erreur augmentent et que, par la suite, les dangers que redoute la personne et à propos desquels elle se sent anxieuse ont plus de chance de se réaliser dans le concret. (...) Nous sommes alors en présence d'un cercle vicieux parfait: les idées causent l'anxiété — l'anxiété amène les comportements non appropriés — ces comportements causent les accidents — les accidents sont l'occasion de nouvelles pensées du même type que les premières, et l'on tourne » *(Vaincre ses peurs,* page 23).

Ce que nous avons à l'esprit tend un jour ou l'autre à se réaliser. Nous finissons par être ce que nous pensons. Cela devient, peut-être inconsciemment, le véritable grand objectif poursuivi, et nous orientons tous nos gestes vers un tel destin en croyant que nous ne pouvons rien y faire. Or, si nous nous attardions à identifier nos idées irréalistes et à les remplacer par des idées réalistes, et si nous nous fixions des objectifs à poursuivre systématiquement par l'action, nous constaterions que nous pouvons avancer de la même façon vers l'accomplissement de prophéties positives. Pourquoi ne choisirions-nous pas une vie meilleure?

Chapitre VII

La culpabilité, résultat d'une exigence intérieure

Élise se sentait coupable de tout. Elle rougissait à la moindre remarque, comme si elle venait de tuer le pape et qu'elle était accablée de reproches par son entourage. Secrétaire d'un chef de section relevant de moi, elle semblait porter sur ses épaules le monde entier, s'excusait de la moindre erreur décelée dans sa section ou faite par son patron et anticipait même d'éventuelles critiques en disant que tel texte était sûrement incomplet ou imparfait lorsqu'elle le remettait à son patron, mais qu'elle le retravaillerait au besoin. Comme elle se sentait très mal de rougir à tout propos, elle avait avoué à une amie qu'elle se culpabilisait également de rougir aussi facilement, estimant qu'elle ne devrait pas rougir ni se sentir coupable du tout. Mais elle disait que c'était plus fort qu'elle, qu'elle avait été éduquée ainsi par ses parents et que ceux-ci l'avaient continuellement accablée de reproches pour des vétilles telles que casser un verre ou porter un vêtement différent. Elle avait ainsi perdu toute confiance en elle-même, continuellement orientée vers le respect intégral d'une quantité infinie d'obligations morales, que ces obligations soient du domaine religieux, civil, familial, scolaire, sportif ou du travail.

Elle se faisait en fait une obligation de tout. Il fallait qu'elle soit une femme de principe et qu'il y ait un principe pour tout. Chaque action choisie devenait un devoir. Elle se sentait responsable des erreurs du passé et répétait qu'elle aurait dû faire mieux, mais elle allait jusqu'à anticiper une erreur future en disant qu'elle devrait s'améliorer et mieux réussir son travail. Je crois que ses parents avaient même réussi à lui inculquer de la culpabilité pour sa très grande beauté physique, de sorte que l'éclat en était terni par un épanouissement personnel diminué. Et l'on devine que la culpabilité permanente vécue par Élise la conduisait à la dépression, puisqu'elle croyait diminuer de valeur chaque fois qu'elle faisait la moindre erreur.

Un jour, je parlai à Élise et lui conseillai de se familiariser avec l'approche émotivo-rationnelle au moyen de livres et de sessions de formation, ce qu'elle fit avec empressement. Et ce fut pour elle le point de départ d'un épanouissement progressif qui ne se démentit pas par la suite. Elle apprit et appliqua systématiquement la technique de la confrontation à ses problèmes de culpabilité, de telle sorte que je pus souvent la taquiner, par la suite, sur les «je devrais», les «j'aurais dû», ou «je n'aurais pas dû», les «il faut» qui ne manquaient pas de lui échapper de temps en temps dans la conversation.

On sait que la culpabilité est causée par l'idée irréaliste qu'un devoir s'impose à nous et que nous devons nous condamner nous-même pour la moindre erreur. Ainsi Élise se disait qu'elle n'aurait pas dû faire des fautes d'orthographe et que ses textes auraient dû être impeccables avec l'expérience qu'elle avait. Elle se disait qu'elle devrait prévoir les embûches des différentes opérations en cours et en avertir son patron pour empêcher les erreurs. Elle se condamnait également de rougir à tout propos et de paraître moins épanouie. Elle croyait qu'elle n'aurait pas dû écouter ses parents qui l'avaient si mal éduquée. Et par après, elle se reprochait de blâmer ainsi ses parents pour une éducation qu'ils avaient faite au mieux de leur connaissance. Ce qui la conduisait inévitablement à se déprécier pour le peu de succès qu'elle obtenait relativement à tous ces devoirs qu'elle s'imposait à elle-même de façon on ne peut plus rigide.

Elle apprit ainsi que l'identification des idées irréalistes qui sont la cause de la culpabilité n'était que le premier pas vers l'épanouissement personnel, car il faut de plus apprendre à combattre de telles idées irréalistes en les remplaçant par la réalité. Or, quelle était donc la réalité par rapport à toutes ces idées? La réalité est qu'Élise n'est obligée à rien, car elle a une grande liberté de choix entre plusieurs actions devant les événements. Jamais elle ne peut avoir la certitude absolue d'un succès, puisqu'elle est une personne humaine, donc imparfaite, et qu'aucune personne humaine ne peut être assurée d'un succès total dans tout ce qu'elle entreprend. De plus, on n'a pas d'autre choix que d'être fataliste en ce qui concerne le passé, car il ne nous sert à rien de dire que nous n'aurions pas dû faire telle chose ou que nous aurions dû en faire une autre, puisque le contraire s'est produit. Or, ce qui est arrivé devait arriver puisque c'est arrivé. Et rien ne nous permet de dire, contrairement à la réalité, que cela ne devait pas arriver. Élise aurait donc avantage à se répéter des phrases du genre de celles qui suivent: «si j'avais dû, je l'aurais fait»; «si je n'avais pas dû, je ne l'aurais pas fait» et «si je devais, je le ferais nécessairement». C'est vraiment la façon la plus efficace de mettre son esprit en accord avec la réalité, puisque la réalité ne comporte aucune obligation alors que les pensées d'Élise en étaient truffées.

Élise devint ainsi beaucoup plus confiante en elle-même, cessa de se culpabiliser pour la moindre erreur, prit

beaucoup plus d'initiatives et devint progressivement la secrétaire la plus compétente de la compagnie. Elle se mit par la
suite en tête qu'elle était capable de réussir à son compte,
quitta la compagnie et fonda un bureau de placement de
personnel qui est aujourd'hui florissant.

On voit ici encore que toute émotion désagréable vient
d'une exigence que l'on s'impose à soi-même, la culpabilité
résultant de l'exigence de ne pas faire d'erreur. Or, les
erreurs sont inévitables pour les humains du seul fait que la
faculté de raisonner existe et qu'ils peuvent ainsi évaluer
comme étant un échec ou une erreur tout ce qui n'aboutit pas
à l'objectif visé. S'il n'y avait pas cette capacité de raisonner
et qu'on se référait strictement à la réalité, il n'y aurait jamais
d'erreur ou d'échec: il n'y aurait que le cheminement normal
de la nature. Mais l'individu porté à se culpabiliser peut aussi
bien se culpabiliser dans un milieu de travail pour avoir fait
quelque chose pour lequel il se félicitait dans un autre milieu
de travail, puisque les critères moraux varient selon les organisations, les objectifs n'étant pas les mêmes partout. L'individu affecte sa stabilité émotive par une exigence trop
grande, ce qui lui nuit dans l'efficacité de son action. Mieux
vaut donc remplacer cette tendance au blâme par une grande
tolérance envers soi-même, en se disant qu'on est humain,
donc nécessairement faillible et imparfait, que l'on ne peut
rien faire de sa vie sans commettre quelques erreurs ou subir
certains échecs dans la poursuite de ses objectifs, que cela
n'est en aucune façon une catastrophe et que l'on a avantage à
se risquer quand même dans l'action puisque seule l'action
est susceptible de produire des résultats.

Beaucoup de milieux de travail sont culpabilisants pour
les humains, car on a tellement tendance à y blâmer les autres
pour tout et pour rien. Peu de gens s'aperçoivent en effet que
le blâme ne donne jamais rien, puisque le mal est déjà fait. Il
est plus avantageux de bâtir l'avenir. La réalité est la réalité,

et la louange ou la critique n'y ajoutent rien: «Quelle est celle de ces choses qui est belle parce qu'on la loue, ou qui se corrompt parce qu'on la critique? L'émeraude perd-elle de sa valeur, si elle n'est pas louangée?» (Marc-Aurèle, *Pensées pour moi-même,* page 70). La meilleure façon de se défendre contre le blâme des autres est justement de ne pas se blâmer soi-même afin de conserver toutes ses forces pour l'action: «Le meilleur moyen de t'en défendre est de ne pas leur ressembler» (Marc-Aurèle, *ibid.,* page 97).

La meilleure façon de lutter contre la culpabilité est donc de travailler au niveau de l'esprit au moyen de la confrontation, puis de passer à l'action en se découvrant des intérêts personnels, en se fixant des objectifs, en les réalisant grâce à des risques à prendre dans de petits gestes qui s'additionnent et en se permettant des erreurs, puisque l'erreur est avantageuse quand on en analyse les composantes pour en tirer des leçons pour l'avenir. Cela peut même être requis, dans certains cas, pour mieux asseoir son expérience et marcher ainsi de façon plus assurée vers des réussites futures. «Si quelqu'un peut me convaincre et me prouver que je pense ou que j'agis mal, je serai heureux de me corriger. Car je cherche la vérité, qui n'a jamais porté dommage à personne. Mais il se nuit, celui qui persiste en son erreur et en son ignorance» (Marc-Aurèle, *ibid.,* page 102).

Se découvrir des intérêts personnels veut dire s'orienter vers l'égoïsme altruiste prêché par Hans Selye, et parler d'intérêt plutôt que de devoir. L'intérêt personnel est le véritable principe de motivation de chacun, le «devoir» lui-même n'étant accompli que si l'on y voit un certain intérêt. Cela implique donc: objectifs personnels, refus de l'échec, vision de l'erreur comme avantageuse, volonté et force du désir, foi dans l'avenir et travail dans la ténacité. En remplaçant ainsi les exigences par un grand désir et par l'action, on peut imprimer une direction à sa démarche pour un meilleur accomplissement personnel.

Donc, premièrement, se donner des objectifs personnels. Dans l'entreprise, si l'on veut réussir et y rester, la première chose à faire est de respecter les objectifs de l'entreprise. C'est avantageux pour la survie de l'entreprise, bien sûr, mais également pour ceux qui y travaillent. Or, quoi de mieux pour accomplir les objectifs de l'entreprise que de s'en faire un objectif personnel. Car le secret de la réussite, n'importe où, c'est de s'impliquer, de risquer de se mouiller, alors que plusieurs veulent beaucoup réussir sans jamais se mouiller nulle part. Des études prouvent que la majorité des gens sont motivés extérieurement, donc par des objectifs imposés par d'autres, alors que la minorité sont motivés intérieurement, donc par des objectifs fixés par eux-mêmes ou qu'ils ont faits leurs. La réussite suppose que l'on a une idée de l'endroit où l'on va et de celui où l'on veut aller, que cette idée est transposée dans des objectifs précis et que ces objectifs sont précis et subdivisés en plus petits objectifs pour favoriser leur réalisation.

Je vous ai raconté qu'Élise s'était débarrassée progressivement de sa culpabilité. Elle s'en était d'abord donné l'objectif, tout en voulant améliorer sa compétence de secrétaire. Puis, de bonne secrétaire qu'elle était, elle avait voulu en savoir plus et maîtriser de mieux en mieux son secteur d'activités. Elle était ainsi devenue la meilleure secrétaire de la compagnie. Comme ses désirs de se perfectionner étaient toujours aussi puissants, et comme elle ne pouvait trouver dans la compagnie la réponse à son désir d'apprendre, quoi de plus logique que de risquer autre chose et de partir à son compte dans une entreprise pour laquelle elle se sentait des aptitudes.

Regardez tous ceux qui réussissent en affaires ou dans d'autres domaines. Ils partent tous immanquablement d'une idée, de quelque chose à réaliser, d'un objectif. Il n'est pas nécessaire que cette idée soit quelque chose de grandiose: il suffit qu'elle amène un petit quelque chose de nouveau et de différent à un marché donné. Pensez seulement à Henry Ford qui suscitait la moquerie de son entourage et qui poursuivait néanmoins son désir d'inonder le monde de son fameux modèle T. Peut-être a-t-il gardé le même modèle trop longtemps, mais il a produit au delà de toute attente. Pensez à Louis Pasteur qui était déterminé à combattre la rage et qui réussit à force de recherches à mettre au point le vaccin antirabique. Voyez Gandhi qui, désireux de libérer son peuple du colonialisme anglais, réussit à réunir sous son objectif, par des moyens pacifiques, un des peuples les plus nombreux de la terre. Chaque être humain ayant réussi quelque chose qu'on cite aujourd'hui en exemple avait, au point de départ, un objectif personnel précis qui soutenait son action. Mais il fait partie du petit 2% de la population qui fait la parade, selon l'exemple donné par Jean-Marc Chaput (dans *Vivre c'est vendre*), alors que 8% la regardent passer. Les 90% qui restent ne savent même pas qu'il y a une parade.

Ceux qui font la parade ne la feraient jamais s'ils se culpabilisaient au moindre commentaire des spectateurs ou des gens du dehors. Les spectateurs et les gens du dehors ne réalisent jamais rien car ils ne se fixent pas d'objectifs personnels. Et les gens qui réalisent des choses ne s'occupent pas de ce que les autres disent ou pensent. Va donc ton chemin et ne t'occupe donc pas des clameurs du voisin. Ses clameurs ne te feront pas mal si tu ne veux pas qu'elles te fassent mal, car tu n'as qu'à te référer à la réalité pour constater qu'aucun jugement ni aucune évaluation n'y ont cours, tout cela n'étant que le fruit de l'esprit humain. Tu veux réaliser des choses? Travaille dans la réalité, en oubliant les évaluations, les jugements et les condamnations. Évite de te culpabiliser. Rappelle-toi cette parole d'Antoine de

Saint-Exupéry: «Quiconque porte dans le coeur une cathédrale à bâtir est déjà vainqueur» *(Pilote de guerre)*. Car ta cathédrale est ton objectif personnel, et alors peu importe ce que les autres en diront: «Si tu as donc exactement compris où tu en es, ne te soucie plus de ce qu'on peut penser de toi, mais contente-toi de vivre le reste de ta vie, quelle qu'en soit la durée, comme le veut la nature» (Marc-Aurèle, *ibid.,* page 129).

Deuxièmement, tu as intérêt, si tu veux avancer dans la réalisation de tes objectifs sans continuellement te culpabiliser pour des riens, à refuser l'échec. Car, nous en avons déjà parlé, l'échec n'existe pas dans la réalité: il ne peut exister que dans ton esprit. Voyez Frank Abbagnale, auteur de *J'avais des ailes, mais je n'étais pas un ange,* un fraudeur à l'imagination et à la réussite exceptionnelles qui, emprisonné enfin après ses innombrables et gigantesques fraudes, refusa l'échec, à sa sortie de prison, et réorienta sa carrière en utilisant ses talents pour lutter dorénavant contre les fraudes de toutes sortes, au service des grandes institutions financières américaines, le bureau de sécurité qu'il a constitué remportant un succès extraordinaire aux États-Unis. Abbagnale a tout simplement converti ses problèmes en avantage. C'est d'ailleurs le secret de la réussite de plusieurs individus et entreprises: travailler dans le sens de leurs forces et voir des avantages là où d'autres sont portés à se complaire dans leurs faiblesses et à ne considérer que des problèmes. Voyez le succès de la chaîne d'hôtels Holiday Inn, cette chaîne qui a fait de ce principe un slogan: il n'y a pas de problèmes; il n'y a que des avantages. L'important est de voir loin, de viser des objectifs à long terme, de telle sorte qu'on peut alors se voir comme étant toujours en marche vers ces objectifs et qu'il n'y a que des échecs relatifs et des réorientations, jamais d'échecs globaux, car l'objectif se situe toujours dans la démarche elle-même, dans le perfectionnement et le dépassement de soi.

Est-ce donc là le stoïcisme à l'origine de l'approche émotivo-rationnelle? Oui, c'est bien là le stoïcisme si mal interprété par quantité de philosophes et d'auteurs, lesquels l'ont confondu avec la passivité, la résignation et l'effort. Vous pouvez, par exemple, trouver la curieuse évaluation que voici du stoïcisme dans *Les sentiments* (collection Que Sais-je?) de Jean Maisonneuve: «Si l'espoir se distingue profondément du désir, issu des instincts, ne se rapproche-t-il pas de la volonté? N'incline-t-on pas, d'ailleurs, le plus souvent, à faire de l'espérance une vertu, plutôt qu'un sentiment? L'espoir serait la qualité d'une âme ferme, capable de résister au malheur sans s'abandonner, d'accepter son sort, quel qu'il soit, avec sérénité, d'attendre le bonheur comme une conséquence de ses propres efforts. Une telle attitude s'apparente un peu à celle des stoïciens; elle suppose une sorte de raidissement, de contracture mentale, en face des vicissitudes, pour être «heureux quand même».

Et Jean Maisonneuve continue ainsi: «Or l'homme qui espère ne cherche pas à se barder d'abord contre les coups du destin; il accepte les souffrances comme une épreuve transitoire; il ne s'y refuse pas, mais il ne tire pas gloire de les subir et de les surmonter; il sent qu'il n'est pas fait pour la souffrance mais pour la joie et il attend sans impatience son heure de joie; il se réserve pour elle; souci bien étranger au stoïcisme qui tend vers une complète «apathie» où toute possibilité de peine, mais aussi de joie est éteinte. Résignation stérile, sans espoir, et peut-être même hypocrite, car elle revient en fin de compte à une apothéose du moi; l'homme stoïque, indifférent au malheur d'autrui comme au sien propre, s'isole dans une attitude orgueilleuse qui le met au rang des sages, et même des dieux» (page 119).

Voilà comment on a souvent mal interprété le stoïcisme qui a pourtant toujours préconisé ces deux grands principes de bonheur: l'action pour tout ce qui dépend de nous, et l'acceptation de tout ce qui ne dépend pas de nous.

Quand on ne veut pas se laisser paralyser par la culpabilité, on a avantage, en troisième lieu, à voir l'erreur comme avantageuse, car il y a toujours des leçons à tirer de ses propres erreurs. Rien ne sert donc de se culpabiliser: mieux vaut plutôt se tourner vers l'avenir et voir de quelle façon on peut éviter de les répéter. Un certain revers peut en effet t'aider à renforcer ta force morale si tu l'acceptes: «Souviens-toi d'ailleurs, en tout événement qui te porte au chagrin, d'user de ce principe: ceci n'est pas un revers, mais c'est un bonheur que de noblement le supporter» (Marc-Aurèle, *ibid.*, page 77).

Une des grandes erreurs des bureaucraties modernes est de ne pas permettre l'erreur, car l'erreur est considérée comme néfaste et tragique, et on se refuse à la voir dans une perspective d'ensemble. De telle sorte qu'on délègue un pouvoir, mais on le retire à la moindre erreur et on accentue alors le contrôle par des signatures additionnelles, des procédures interminables, des règlements et des lois quand on se retrouve dans les différentes fonctions publiques. On aboutit ainsi à une «surréglementation» qui crée la paralysie parce que, précisément, elle veut créer la perfection. Les pauvres êtres humains qui ont à appliquer les règlements travaillent très fort pour observer la procédure, en contrôler l'application, organiser les appels possibles, plaider ces appels, tenter de se neutraliser les uns les autres et contourner les règlements pour en arriver à réaliser une partie de l'objectif. De telle sorte que, avec un tel système, il faudra 10 employés pour accomplir un travail qui pourrait être accompli par un seul avec des procédures plus simples.

La profusion des règlements et des lois provient en effet en partie du sentiment de culpabilité qu'éprouvent politiciens et fonctionnaires devant la moindre erreur, parce qu'ils ne voient pas dans l'erreur une leçon dont les adultes qui l'ont commise pourraient tirer profit. La solution, pour plus d'efficacité, serait que la réglementation n'aille jamais dans les détails, qu'elle ne constitue qu'un cadre général pour l'action des gens, qu'on leur permette l'exercice de leur jugement et leur droit à l'erreur et qu'on analyse ensuite systématiquement les erreurs commises en regard des objectifs poursuivis, pour en tirer des leçons pour l'avenir. Et, ultime paradoxe de ces réglementations abusives basées sur la culpabilité collective, elles contribuent soit à augmenter encore davantage la culpabilité collective pour ceux qui veulent les respecter, mais cela les conduit à la paralysie, soit à transgresser les règlements pour ceux qui veulent être efficaces, mais cela les conduit à instituer des contrôles additionnels et d'autres règlements.

De plus, plusieurs se disent, dans les milieux de travail, qu'on ne doit jamais avouer une erreur. Il y a encore de la culpabilité derrière cette attitude, soit qu'on se blâme déjà soi-même de l'erreur, soit qu'on a peur que les autres nous en blâment, ce qui revient au même. Or, si l'on considère l'erreur comme un avantage en ce sens qu'on peut en tirer des leçons pour l'avenir, on n'a pas à craindre de l'avouer puisque c'est précisément de la connaître qui permettra d'en faire l'analyse pour en tirer des leçons.

En quatrième lieu, pour ne pas se laisser paralyser par la culpabilité, il est avantageux de mettre toute sa volonté derrière son objectif, d'en faire un désir qui se transforme en passion et qui bâtit la foi dans l'avenir. Cette foi se pétrit par l'habitude, en répétant geste après geste et pensée après pensée dans le sens de l'accomplissement de ses objectifs. Le passionné est déjà, dans son esprit, en possession de l'objet de son désir. Voici ce qu'en dit Jérôme-Antoine Rony, dans *Les passions* (collection Que Sais-je?): «... l'ambitieux, l'avare, en général, ourdissent, calculent, supputent méthodiquement. Mais, en fait, ils possèdent déjà en puissance, par la force de leur désir, l'objet qu'ils atteindront plus tard» (page 19). Et Rony continue ainsi: «La persévérance du passionné, aussi remarquable que ses brusques défaillances est liée ainsi, non à l'ardeur d'un désir inassouvi, mais à la certitude d'être d'ores et déjà comblé» (page 20). En augmentant donc son désir au point de s'approprier son objectif par la pensée, en s'en faisant une passion, on ne peut s'attarder à se culpabiliser pour quelques erreurs de cheminement, car on se voit précisément toujours en perpétuel cheminement vers cet objectif, déjà possédé par son esprit.

Finalement, on voit bien que, en cinquième lieu, si l'on ne veut pas être paralysé par la culpabilité, on doit travailler et être tenace, toujours dans le sens de la poursuite de ses objectifs. Car rien n'est gratuit en cette vie. Il y a un prix à payer pour tout. N'espère donc pas en ta chance: fais-la. N'espère pas seulement en l'avenir: bâtis-le. Regarde en avant et accomplis le destin que tu te choisis, et cela par chacun de tes gestes. Si tu restes un spectateur, tu auras le plaisir de voir le succès des autres. Si tu deviens un acteur, tu jouiras de la vue de tes propres réalisations et de voir que tu es capable de faire des choses. Et la réalisation de tes désirs, en autant que tu maintiens au minimum tes exigences, t'amènera beaucoup de bonheur.

La patience et la ténacité sont cependant requises pour mener à bien la réalisation de tes objectifs, car le succès dans la réalisation de tes désirs ne vient souvent qu'après de nombreux échecs, lesquels seront considérés avec avantage comme de simples étapes dans ta démarche constante vers tes objectifs et l'accomplissement de toi-même. Car on s'accomplit, au travail comme ailleurs, en accomplissant quelque chose d'extérieur à soi-même, en bâtissant, pierre par pierre, la «cathédrale» qu'on a déjà bâtie dans son coeur.

Cette démarche constructive de soi-même se fait aussi dans l'humilité, puisque l'humilité c'est la vérité. Humilité d'accepter qu'on est humain, et donc sujet à l'erreur, et humilité de se donner le droit à l'erreur sans se culpabiliser, puisque l'erreur fait partie de la démarche vers l'accomplissement de ses objectifs et de soi-même.

Quand la réalité n'est pas à la hauteur de tes rêves, accepte-la telle quelle et n'exige pas qu'elle soit autre qu'elle n'est. Accepte de faire des erreurs sans t'en blâmer, mais continue à travailler et fais en sorte que, avec le temps et à force de ténacité, tes rêves deviennent réalité.

Chapitre VIII

L'agressivité,
résultat
d'une exigence
intérieure

C'était toujours la faute des autres. Jamais Henri n'était responsable de quoi que ce soit qui allait mal. Il trouvait très vite un coupable pour chacune des opérations qui présentait quelque faiblesse de réalisation. Et il le chargeait alors de tous les maux, surtout si le «coupable» était absent. Il ne se privait pas non plus de l'abreuver de reproches s'il était présent.

Henri était un des chefs de section relevant de moi. Son caractère agressif avait été considéré comme un avantage au moment de sa nomination comme chef de section, et j'avoue que j'avais été le premier à croire en lui. Or, ayant moi-même évolué beaucoup, dans ma personnalité et dans mon attitude, je remarquais que son agressivité nuisait énormément à notre travail. Henri démontrait de l'hostilité à l'égard du syndicat, mais aussi à l'égard de ses collègues gestionnaires, de ses subordonnés et de moi-même à l'occasion. Il attribuait très facilement aux autres toutes sortes de devoirs et de principes, et il trouvait toujours des arguments pour se disculper de ce qui n'allait pas. C'était en fait un fonceur qui s'arrangeait pour laisser encaisser les coups durs par les autres.

Il représentait très bien à lui seul les deux sens qu'on donne au mot «agressivité», soit celui de «batailleur» et celui d'un personnage «hostile». Et il ne s'apercevait pas, comme c'est souvent le cas, que ces deux sens s'opposent vraiment l'un à l'autre, car la meilleure façon de gagner une bataille est de s'y engager avec une grande fermeté et beaucoup de détermination certes, mais sans hostilité aucune.

L'agressivité, au sens psychologique du terme, donc dans son sens d'hostilité, vient de l'idée irréaliste que les autres sont obligés de faire ce que je veux et qu'ils sont obligés de ne pas faire ce que je ne veux pas. Ils doivent absolument être à mon service et réaliser mes désirs. S'ils ne le font pas, je les condamne comme des êtres mauvais qui méritent d'être punis. Ainsi, chaque fois que Henri devenait hostile, il se disait sûrement des phrases du genre de celles qui suivent: si les autres se soumettaient aux diktats de ma volonté, tout irait bien; si quelque chose ne va pas, c'est qu'ils n'ont pas fait ce qui devait être fait ou qu'ils ont fait ce qui ne devait pas être fait. Or, ils n'ont pas le droit d'agir ainsi. Il faut absolument qu'ils contribuent à ma réussite, qu'ils m'écoutent au doigt et à l'oeil et qu'ils suivent les principes qui sont les miens, ces seuls principes étant les bons. On voit alors que la volonté de Henri devient pour lui un absolu et qu'il la veut une norme d'action pour les autres, de telle sorte que toute erreur par rapport à cette norme sera condamnée par des phrases du genre de celles-ci: «tu n'aurais pas dû», «tu aurais dû» ou «tu n'as pas le droit», phrases intérieures ou extérieures qui démontrent que Henri se voit comme un dieu.

Ce n'est qu'après beaucoup de temps et beaucoup d'efforts de ma part que Henri parvint finalement à accepter la réalité comme elle était. Il constata enfin que la réalité était indépendante de son esprit et qu'il ne pouvait lui donner des ordres. La réalité est que les autres ne sont obligés à rien à son égard, qu'ils ont des possibilités de choix bien à eux et que ces choix peuvent contrarier les siens. Ils ont donc le droit de faire ce qu'ils veulent de leur vie, d'accomplir leur travail à leur façon et même de désobéir. Henri comprit qu'il avait intérêt à mettre son esprit en accord avec cette réalité qu'est la liberté de chacun. L'ayant fait, il ne se sentait plus agressif à l'égard des autres.

Il se disait alors: c'est bien leur droit d'agir ainsi. Voyons maintenant si c'est opportun pour la poursuite des objectifs de la compagnie. Sa norme d'action n'était donc plus la punition ou la vengeance suite à leur refus de faire ce qu'il voulait, mais les objectifs de la compagnie. Tout en acceptant qu'ils avaient le droit d'agir comme bon leur semblait et selon leur liberté de choix, ce qui le dégageait de toute agressivité, il pouvait devenir plus ferme quant aux objectifs de la compagnie en utilisant au besoin les mesures disciplinaires, lesquelles ne sont en fait que des avertissements sérieux de se conformer aux objectifs. Et comme ceux qui l'entouraient voyaient qu'il n'agissait plus de façon agressive et vindicative, ils étaient tous plus heureux de collaborer avec lui, ce qui facilitait d'autant sa tâche. On le respectait davantage parce que lui-même respectait davantage les autres. Et pourtant sa fermeté avait augmenté et son efficacité également.

Comme on le voit, l'hostilité est d'abord un conflit intrapersonnel avant d'être un conflit interpersonnel, le conflit intérieur venant de l'idée que les autres sont obligés de faire ce que je veux et de constater qu'ils n'y sont pas obligés en réalité. Tout se passe dans mon esprit. La seule façon de régler ce conflit intrapersonnel est de mettre mon esprit en accord avec la réalité, et un des meilleurs moyens pour y arriver se trouve dans la confrontation de mes idées irréalistes avec la réalité.

L'hostilité vient donc, comme les autres émotions désagréables, de l'exigence intérieure que la réalité soit au service de mon esprit, en exigeant que les autres fassent tout ce que je veux et ne fassent rien de ce que je ne veux pas. On voit qu'une telle exigence est tout à fait irréaliste et que l'on crée son propre malheur en l'entretenant. Plus on exigera des autres, moins on a de chances que les autres accomplissent ce qu'on veut et plus on deviendra agressif. Par ailleurs, on peut désirer recevoir beaucoup des autres, et réussir à l'obtenir, en autant qu'on pose les gestes appropriés, c'est-à-dire ceux grâce auxquels les autres deviendront attentifs et intéressés à coopérer et à rendre la pareille à celui qui leur a rendu un service. De là le grand avantage d'être toujours inconditionnellement correct à l'égard des autres et altruïste, car c'est la façon la mieux pensée, égoïstement, pour s'attirer la collaboration des autres.

De là également l'avantage de ne jamais rechercher les coupables d'une erreur dans une entreprise, car le blâme ne sert à rien. Il est bien sûr important de congédier un employé qui fait volontairement du tort à l'entreprise qui l'emploie, mais il ne sert à rien de blâmer quelqu'un pour une erreur car le blâme ne construit rien. L'important est de découvrir l'erreur, non pour blâmer son auteur, mais pour en faire l'analyse et en tirer des leçons pour l'avenir. Voici ce que Robert Townsend dit de l'erreur, dans *Au-delà du management*: «Reconnaissez vos erreurs, si possible avec bonne humeur. Encouragez vos collaborateurs à faire de même. Surtout, pas de sanctions ni de réprimandes. C'est en tombant que les enfants apprennent à marcher. Si vous battez votre rejeton chaque fois qu'il trébuche, vous lui ferez bientôt perdre le goût de se tenir debout. Je peux dire que mon pourcentage de réussite, chez Avis, ne dépassait pas un tiers.

Je prenais deux fois sur trois la mauvaise décision. Mais chacune de ces erreurs était discutée librement et la plupart d'entre elles réparées avec l'aide de mes amis. Méfiez-vous du patron qui marche sur les eaux et ne se trompe jamais. Et avant que les ennuis ne commencent, cherchez-vous une place ailleurs» (page 72).

À quoi servirait en effet de vouloir forcer les autres à être différents? C'est d'ailleurs impossible puisque la motivation vient du fait que quelqu'un voit son intérêt personnel dans quelque chose. La motivation est donc intérieure à chacun. Mieux vaut donc susciter l'intérêt des autres plutôt que de vouloir leur imposer des devoirs de façon agressive. Pourtant on se sert à profusion de l'agressivité dans les milieux de travail. Voyez l'employé qui est agressif à l'égard de son patron: il n'accepte pas son patron comme un être humain imparfait, différent de lui, et il veut lui imposer sa propre vision des choses. Il veut le changer. Il en va de même du patron qui veut absolument imposer à un employé telle méthode bien précise de travail alors qu'il tirerait plus d'avantages d'une nouvelle méthode à laquelle l'employé aurait appliqué toute son intelligence et tout son intérêt pour une tâche qu'il connaît à fond. Voyez le syndicat qui donne des leçons de gestion au chef d'entreprise et qui se retrouve pourtant incapable de coordonner efficacement le travail de ses propres permanents. Dans chaque cas, l'agressivité se manifeste parce que chacun veut absolument avoir raison. Chacun aurait plutôt avantage, pour améliorer la communication et l'efficacité, à essayer de comprendre et d'écouter l'autre, car la communication est d'abord un acte d'écoute. On aurait également avantage à cesser d'exiger la justice absolue, une telle chose n'existant pas dans la réalité, puisque la «justice» est elle aussi une création de l'esprit humain.

La maîtrise de l'agressivité, sur une base personnelle, suppose donc une bonne maîtrise de ses exigences intérieures à l'égard des autres et la volonté de remplacer l'agressivité par la poursuite des objectifs de l'entreprise, ce qui suppose l'acquisition d'une bonne discipline personnelle. La discipline, quant à elle, est une question d'habitudes, et les habitudes s'acquièrent en pratiquant, geste après geste et action après action. On atteint des objectifs non par l'agressivité, mais par des gestes additionnés à d'autres gestes dans le respect à l'égard des autres, dans l'harmonie et la collaboration, mais toujours avec beaucoup de fermeté. Cela fait partie du bonheur au travail. Il faut bien se mettre dans la tête que personne n'est parfait et que chacun travaille avec toute sa personnalité: de là le vieux dicton que, lorsqu'on engage des bras, tout l'individu vient avec.

De plus, l'agressivité est habituellement accompagnée d'anxiété, car la personne agressive sait dans son for intérieur que les autres n'obéiront pas nécessairement aux diktats qu'elle veut leur imposer, ce qu'elle voit comme un danger, quelque chose de très menaçant devant quoi elle se sent impuissante. Et lorsque le danger appréhendé devient réalité, la personne réagit par de grandes colères, encore à partir de l'idée que cela n'aurait pas dû lui arriver.

Même si l'agressivité prend racine dans un conflit intra-personnel, elle suscite des conflits interpersonnels puisqu'elle s'esprime de bien des manières à l'extérieur. Une telle expression d'agressivité n'est pas toujours souhaitable. Voyons ce qu'en dit Lucien Auger: «Une expression directe et violente d'hostilité peut être favorisée et encouragée par une thérapie expérientielle. Or, le sentiment d'hostilité lui-même est toujours inapproprié, étant régulièrement causé par des idées irréalistes et fausses, notamment par l'idée que les autres devraient faire ce qui plaît à la personne et ne devraient pas faire ce qui lui déplaît ou lui nuit. Cette croyance constitue une absurdité de premier ordre, comme je l'ai montré ailleurs. De plus, l'expression directe et violente de l'hostilité, si elle est bienvenue dans un groupe thérapeutique qui encourage ce genre de comportement, risque de l'être beaucoup moins dans la vie réelle. Il est imprudent de pousser une personne à décharger directement son hostilité sur son conjoint, ses enfants ou son patron. Cela serait sans doute bien authentique, mais à quel prix? Il ne faut pas avoir vécu longtemps pour réaliser que le monde n'est pas exactement peuplé de thérapeutes compréhensifs, ni de disciples de l'expression directe des sentiments négatifs violents. La plupart des gens réagissent à l'hostilité par l'hostilité et il vaut mieux ne pas prendre la planète pour un immense groupe expérientiel!» (*Vivre avec sa tête ou avec son coeur,* page 93).

Toutefois, le gestionnaire a avantage à voir le conflit en milieu de travail comme un symptôme qui constitue le signal avertisseur que sa machine ne tourne pas rond et qu'il faut donc faire quelque chose. On règle le conflit d'abord par l'écoute et l'empathie, pour vérifier ce qui ne va pas, et en prenant les seuls objectifs de l'entreprise, pas ses émotions personnelles, pour norme de règlement. L'attitude souhaitable à adopter, devant quelqu'un qui nous attaque dans notre milieu de travail est de nous dire intérieurement: «Il a le droit de m'attaquer. Et j'ai intérêt à l'écouter.» Cette attitude étant créée par de telles phrases intérieures, les techniques favorisant l'écoute, telles la reformulation et les interventions à la première personne, sont alors plus faciles à appliquer.

La reformulation consiste à reprendre dans mes propres mots ce que mon interlocuteur agressif tente de me dire, ce qui démontre un grand respect et un intérêt pour ce qu'il dit, malgré son agressivité, et que je peux reprendre ce qu'il dit sans être agressif moi-même. L'intervention à la première personne consiste, elle, à lui répondre en partant de ce que le problème représente pour moi plutôt que pour lui, lui disant ainsi qu'il n'est pas question de l'accuser de quoi que ce soit en réaction à son agressivité: «Cela représente pour moi, ou pour nous, un problème...»

L'important, pour l'entreprise, est de permettre l'expression des conflits pour savoir ce qui ne va pas et y remédier, mais sans se laisser mener par les conflits, la norme morale de l'entreprise se situant plutôt dans les objectifs de l'entreprise: «Ils sont un signe de santé — jusqu'à un certain point. Un bon manager ne cherchera pas à éliminer tous les conflits; il essaiera plutôt d'éviter que ses collaborateurs n'y gaspillent leurs énergies. La conviction, chez un homme, est toujours une qualité précieuse. Celui qui l'éprouve doit pouvoir essayer son idée ou lutter pour qu'on lui permette de l'essayer. Sinon, la flamme qu'on l'aura forcé à refouler le consumera de l'intérieur. Si vous êtes le patron, et si vos collaborateurs vous combattent de front quand ils pensent que vous avez tort, réjouissez-vous. S'ils se combattent les uns les autres en votre présence pour les idées qu'ils défendent, réjouissez-vous également. Et veillez simplement à ce que le combat reste loyal» (Robert Townsend, *Au-delà du management,* page 39).

Les compromis seront souhaitables, lors de l'expression des conflits, en autant qu'ils font avancer les objectifs de l'entreprise. Peter Drucker utilise une figure intéressante dans ses enseignements pour juger les compromis: la moitié d'un pain demeure du pain, alors que la moitié d'un bébé n'est plus un bébé mais une partie de cadavre. Ainsi, certains désirs des individus pourront ne pas être réalisés et être souvent restreints lorsqu'ils empêchent la réalisation des objectifs de l'entreprise. Car ce sont les objectifs de l'entreprise qui indiquent les limites possibles du conflit: c'est la survie de l'entreprise qui est en jeu.

Pour que les objectifs de l'entreprise servent de principe d'intégration des actions de tous les intervenants dans l'entreprise, l'information et la communication sont d'une importance primordiale. C'est ce qui permet aux gestionnaires de coordonner toutes les actions par rapport à l'ensemble. C'est également ce qui permet de créer le climat requis pour que chacun s'identifie à la compagnie et intériorise les objectifs de la compagnie pour en faire ses objectifs personnels. C'est une condition essentielle pour que chacun s'implique. Il n'y a plus alors ni gagnants ni perdants: il n'y a que des parties qui savent qu'elles doivent tenir compte des besoins des autres pour réaliser ensemble des objectifs communs et en retirer des gains mutuels.

À la base de la réalisation des objectifs de l'entreprise, il y a donc un prérequis essentiel de coopération, coopération qui ne peut se faire que dans le respect de l'autre, car la violence attire la violence et le respect attire le respect. Or, le respect consiste essentiellement à permettre à l'autre d'être différent, tandis que l'hostilité tend à en faire un objet de servitude. Les colloques régionaux sur la violence, lorsqu'ils ont été organisés au Québec en 1979-1980 par le ministère de la Justice du Québec, ont démontré que les hommes qui battaient leur femme avaient habituellement eux-mêmes été des enfants battus dans leur enfance. Les gens, amenant avec eux au travail leur personnalité complète, ont tendance à y transporter également toutes les valeurs de la société dans laquelle ils vivent. Ainsi, on ne peut se surprendre qu'il y ait du harcèlement sexuel dans les milieux de travail, la pornographie étant si répandue dans la société. Elle transmet l'idée que certains individus ont le droit d'en assujettir d'autres à leur plaisir, et que ces autres doivent nécessairement se soumettre. C'est encore l'idée irréaliste à l'origine de l'agressivité qui soustend cette attitude.

Encore faut-il se méfier de voir du harcèlement sexuel partout dans les milieux de travail. On peut décemment accepter comme définition du véritable harcèlement sexuel celui seulement qui prend naissance dans une relation de pouvoir, lorsqu'il y a une menace implicite ou explicite qui pèse sur la personne dont les faveurs sexuelles sont sollicitées et qu'il n'y a pas de consentement vraiment libre. Il ne faut pas oublier également qu'il y a plusieurs relations de pouvoir dans les milieux de travail. Il y a le pouvoir patronal, bien sûr, mais il y a aussi le pouvoir syndical. Ces dernières années, on a vu des travailleurs menacés de différentes façons par certains fiers-à-bras d'allégeance syndicale. On a vu également des bris de machinerie et le saccage de chantiers importants suite à l'hostilité et à l'agressivité de groupes de travailleurs organisés.

La société ayant augmenté ses exigences générales, cela a créé une mentalité de conflits que l'on retrouve dans les milieux de travail. Comme les gens recourent moins au dialogue et utilisent de plus en plus les recours en justice dans la société, on croit souvent que c'est la seule attitude possible également dans les milieux de travail, et on croit pouvoir tout régler à coups de griefs ou de règlements. Or, la meilleure façon de communiquer est encore de recourir le moins possible au formalisme et de régler les problèmes à l'amiable, les entreprises ayant les meilleures politiques de personnel étant souvent celles qui ont le moins de spécialistes du personnel. Nous avons intérêt à penser que plusieurs personnes vivent du conflit et qu'elles le suscitent parfois sans vergogne.

Au-delà du conflit, la coopération devient donc une nécessité vitale pour l'individu et pour l'entreprise. L'entreprise, comme l'individu, trouvera sa meilleure réalisation égoïste dans l'altruisme. Ainsi, à l'intérieur même d'une entreprise, les individus doivent penser qu'ils travaillent d'abord pour leur entreprise avant de travailler pour leur spécialité ou leur profession. Ce qui est important, c'est de développer une vision d'ensemble pour chercher ce que chacun peut faire de mieux pour son entreprise et comment il peut coordonner au mieux son propre travail avec celui de son entourage, dans une meilleure collaboration avec ses supérieurs, ses collègues et ses subordonnés.

Ce qui est requis, c'est donc la participation du travailleur responsable, ce qui implique une décentralisation à la Drucker jusque dans les objectifs de toutes les unités administratives et à tous les niveaux de la hiérarchie. Il s'agit de rétablir la confiance dans l'individu en lui permettant d'être différent, car la centralisation excessive constitue une agression contre l'individu. Jean Pelletier rapporte ainsi, dans une série d'articles sur «l'insolite Californie», les paroles d'un éminent futuriste américain, Peter Schwartz: «Nous sommes le pays industrialisé le moins taxé au monde, et pourtant plus que n'importe quelle société nous souffrons de trop de centralisation, un mal encouru durant les années soixante alors que l'analyse systémique était si à la mode. Combien de fois avons-nous entendu: «Si nous avons mis un homme sur la lune, nous pouvons gagner la guerre contre la pauvreté, le racisme, etc.» De moins en moins aujourd'hui, de telles solutions sont accréditées par le citoyen car tous ces programmes se sont soldés par des échecs» (*La Presse,* 10 juillet 1981).

Or, même si l'on parle beaucoup du travailleur responsable, voyez combien on en est encore loin, dans nos entreprises. Écoutez ce qu'en dit Robert Townsend: «Vous trouvez que j'exagère? Considérez: 1. Les horaires de travail imposés à tous, sauf aux quelques grands personnages qui se prélassent sur les hauteurs de nos organigrammes, comme si chaque entreprise était d'abord une énorme machine à mesurer le temps. Mais que voulons-nous exploiter; des talents ou des pendules? 2. Le système d'avancement unilatéral. En échange d'un salaire plus élevé et d'un titre plus ronflant, je devrai m'estimer heureux de partir pour New York avec toute ma famille. Tant pis si je me plaisais à Denver, si j'y avais des amis et les conditions de vie les plus aptes à faire de moi un responsable efficace. (L'organisation passe d'abord; les individus doivent accepter tous les sacrifices qu'elle exige.) 3. Des centaines de millions de dollars sont dépensés chaque année dans les «rapports» avec les employés. C'est un dialogue à sens unique, qui se résume en quelques mots: «Travaillez dur, obéissez. Nous nous chargeons du reste.» (C'est une philosophie complètement périmée depuis le siècle dernier et qui, même à cette époque, n'eut jamais un effet stimulant.)» (*ibid.*, page 88).

Si l'on parle du travailleur responsable, on parle du respect du travailleur et de l'élimination de l'agressivité à son égard, agressivité à laquelle il répond par l'agressivité. On peut ainsi aboutir à la collaboration quant à l'objectif général de l'entreprise. C'est possible puisque les Japonais y arrivent. Ils y arrivent parce que, tout en vivant d'intenses conflits, ils entrevoient des gains mutuels pour travailleurs et patrons dans la solution de ces conflits. Robert Townsend explique ainsi comment il a appliqué le principe de la responsabilité chez Avis: «À mon arrivée chez Avis, on m'assura que l'état-major était composé d'une bande d'incapables et que je devais avant toute chose recruter une nouvelle équipe. Trois ans plus tard, ITT rachetait Avis. Hal Geneen, son président, après avoir fait connaissance avec tous les responsables et les avoir observés une journée, s'écria: «Je n'ai jamais vu un management aussi extraordinaire. J'ai déjà repéré trois cadres supérieurs de toute première valeur! Vous l'avez deviné: c'étaient les mêmes qu'à mon arrivée » (ibid., page 92).

On pourrait donc résumer ainsi le combat contre l'agressivité dans les milieux de travail: respect, liberté et responsabilité pour une plus grande fermeté face aux objectifs, climat de collaboration et mentalité non-formaliste, décentralisation et réalisme.

Chapitre IX

Là où Maslow s'est trompé...

Oui, Maslow s'est trompé. Malgré une excellente théorie de la motivation, il s'est trompé par omission et par confusion, en ne faisant pas la distinction entre «besoins-désirs» et «besoins-exigences». Sa théorie est en effet excellente si l'on parle de la motivation par des désirs insatisfaits et si l'on hiérarchise les désirs de telle sorte que ceux de niveau inférieur doivent être raisonnablement satisfaits avant que n'apparaissent des désirs de niveau plus élevé.

Entendons-nous d'abord pour dire que tous les besoins physiologiques, tels que manger et dormir, sont absolument essentiels pour vivre. Tout le monde s'entend là-dessus puisque leur insatisfaction entraîne la mort.

Toutefois il n'en est pas de même des autres besoins puisqu'ils sont dépendants de l'esprit des individus. Ces derniers sont capables de conditionner leur esprit, de travailler sur leurs pensées en cessant de se créer des exigences, tout en conservant et même en développant des désirs, distinction fondamentale que Maslow ne fait pas.

Voyez un peu par vous-même. Maslow ne distingue nulle part besoins-désirs et besoins-exigences. Le sens qu'il donne au mot besoin devient alors beaucoup trop englobant. À la page 26 de *Motivation and Personality,* il utilise les mots «*goals*» et «*needs*» de façon interchangeable: «*The weight of evidence now available seems to me to indicate that the only sound and fundamental basis on which any classification of motivational life may be constructed is that of the fundamental goals or needs rather than on any listing of drives in the ordinary sense of instigation (the «pulls» rather than the «pushes»).*»

À la page 22 du même volume, voyez le caractère interchangeable de «*goals*» ou «*desires*» ou «*needs*» tel que Maslow le présente: «*In other words then, the study of motivation must be in part the study of the ultimate human goals or desires or needs.*»

Le même caractère interchangeable apparaît à la page 45 du même volume: «*All people in our society (with a few pathological exceptions) have a need or desire for a stable, firmly based, usually high evaluation of themselves...*»

Cette conclusion apparaît également dans son livre *Vers une psychologie de l'être*: «Les besoins de combler un manque sont communs à tous les membres de l'espèce humaine et dans une certaine mesure à ceux des autres espèces. La réalisation de soi est individuelle car chaque personne est différente des autres. Les besoins, c'est-à-dire les exigences de l'espèce, doivent habituellement être satisfaits de manière convenable avant que l'individualité réelle puisse se développer pleinement. De la même manière que les arbres ont besoin de soleil, d'eau, de nourriture, qu'ils reçoivent de l'environnement, les hommes ont besoin de recevoir de leur environnement sécurité, amour, considération. Dans les deux cas, le développement réel de l'individu peut commencer une fois qu'ont été satisfaits les besoins élémentaires de l'espèce» (pages 37-38).

Bien plus, loin d'atténuer la confusion, Maslow la renforce en rapprochant encore plus «désirs» et «exigences» pour en faire des «droits». Dans sa préface à *Motivation and Personality,* il le dit clairement: «*I want to be sure to mention here, even though I do not have the space for expanding upon the idea, that it is legitimate and fruitful to regard instinctoid basic needs and the metaneeds as* rights (en italique dans le texte) *as well as needs. This follows immediately upon granting that human beings have a right to be human in the same sense that cats have a right to be cats. In order to be fully human, these need and metaneed gratifications are necessary, and may therefore be considered to be natural rights»* (page XIII).

De même, lorsqu'il parle de l'accomplissement de soi, il affirme qu'un individu doit être ce qu'il a la possibilité d'être: «*What a man can be, he must be. He must be true to his own nature. This need we may call self-actualization»* (page 46, *Motivation and Personality*).

On voit tout de suite combien une telle confusion peut être néfaste dans une définition du bonheur, car la motivation vient du désir, pas de l'exigence. L'exigence peut même nuire grandement à la réalisation de nos désirs, car l'exigence paralyse tandis que le désir peut nous épanouir et nous motiver au travail. L'exigence veut en effet soumettre la réalité à l'esprit humain, ce qui peut arriver mais n'arrive pas nécessairement, et c'est pourquoi l'on dit que les exigences sont des désirs irréalistes qui se veulent un pouvoir absolu et contraignant sur la réalité.

Or, dans la réalité, nous ne trouvons rien qui nous est dû et nous n'avons aucun droit, mais nous avons en même temps le droit de faire ce que nous voulons et de procéder à des choix multiples, donc tous les droits. Nous exerçons des choix quant aux possibilités qui s'offrent à nous, mais nous devons en assumer les conséquences, et ces conséquences sont souvent le fait de probabilités, par de certitudes absolues. Il y a des choses qui dépendent de nous, et pour lesquelles notre action peut être efficace, et il y a des choses qui ne dépendent pas de nous, et pour lesquelles nous avons avantage à adopter plutôt le principe de l'acceptation. Il n'y a pas en effet de raison pour que la réalité se soumette à tous nos désirs et caprices, car nous serions alors des dieux ayant un pouvoir absolu sur la réalité. Envisagée ainsi, la théorie de Maslow peut être une excellente théorie de la motivation car les humains veulent réaliser leurs désirs et cela les pousse à l'action, mais elle peut aussi susciter des exigences intérieures chez les individus du fait du manque de distinction entre désirs et exigences, et cela les amène à moins d'efficacité dans la poursuite de leurs désirs, les exigences entraînant la paralysie et l'inhibition par l'éclosion d'émotions désagréables.

D'ailleurs, Maslow reconnaît lui-même que les émotions désagréables amènent l'inhibition, dans le cas par exemple de l'anxiété: «En tout cas, nous en savons maintenant assez sur les rapports de l'anxiété et de la connaissance pour refuser la position extrême que beaucoup de philosophes et de théoriciens de la psychologie ont tenue pendant des siècles selon laquelle tout désir de connaissance est produit par l'anxiété et vise seulement à réduire l'anxiété. Pendant des années cela a paru possible, mais les connaissances actuelles en psychologie expérimentale animale et humaine contredisent cette théorie dans une formulation extrême. Elles nous manifestent qu'au contraire l'anxiété tue la curiosité et le désir de connaître, qu'anxiété et curiosité sont incompatibles, spécialement lorsque l'anxiété est très importante» (page 77, *Vers une psychologie de l'être*). Or, nous avons vu comment l'anxiété est le résultat d'une exigence de notre esprit. Mieux vaut donc mettre notre esprit en accord avec la réalité.

Ce qui est difficile à accepter, dans la théorie de Maslow, et qui nous condamne presque à l'inhibition si nous l'acceptons, c'est qu'il affirme d'une part que les besoins sont subjectifs et d'autre part que ces besoins subjectifs doivent être satisfaits par les autres, ce qui revient à dire que nous n'avons pas de contrôle sur notre esprit puisque nous sommes incapables de maîtriser nous-mêmes des besoins qui prennent naissance dans notre esprit.

Maslow affirme en effet que les besoins comportent des éléments subjectifs essentiels: «Le besoin de base ou besoin instinctif a les caractéristiques suivantes: 1. son insatisfaction provoque la maladie; 2. sa satisfaction prévient la maladie; 3. sa satisfaction consécutive à la privation soigne la maladie; 4. dans certaines situations de libre choix, la personne privée préfère satisfaire ce besoin en se privant d'autres choses; 5. chez l'individu en bonne santé, il ne se manifeste pas ou bien se manifeste de manière très discrète. Il faut ajouter deux éléments subjectifs: le désir conscient ou inconscient, le sentiment d'un manque ou d'un déficit d'une part, et d'autre part, le goût (ce qui plaît). Un dernier mot sur cette définition: bien des problèmes qui ont embarrassé les chercheurs qui ont essayé de définir la motivation ont pour origine le recours exclusif à des causes extérieurement observables pour rendre compte du comportement. L'élément motivant pour tout être humain, excepté, semble-t-il, pour les psychologues behavioristes, est subjectif. Je suis motivé quand je perçois mon désir, mon voeu, mon envie, mon manque » (*Vers une psychologie de l'être,* page 24).

Maslow affirme aussi que ces besoins d'origine subjective doivent être satisfaits par l'entourage: «Les besoins de sécurité, de propriété, de relations d'amour et de considération, peuvent être satisfaits uniquement par les autres, c'est-à-dire que leur satisfaction ne peut venir que de l'extérieur. Cela entraîne une dépendance importante à l'égard de l'environnement. On ne peut pas dire d'une personne qui se trouve dans cette situation de dépendance qu'elle se gouverne elle-même et qu'elle contrôle son propre destin. Elle est dépendante des personnes qui lui fournissent la réponse à ses besoins. Leurs désirs, leurs caprices, leurs règles et leurs lois la gouvernent et elle doit s'y soumettre, à moins de risquer de perdre la source de ses satisfactions. Elle *doit* (en italique dans le texte) être, dans une certaine mesure, dirigée par les autres et *doit* (en italique dans le texte) être sensible à l'approbation des autres. Ce qui revient à dire qu'elle doit s'adapter, ajuster son comportement, en étant souple, attentive et prête à changer pour s'accorder à la situation extérieure. Elle est la variable dépendante. L'environnement est la variable indépendante et donnée (*Vers une psychologie de l'être,* page 38).

Or, encore là, on a avantage à distinguer désirs et exigences, les seules exigences vitales étant les besoins physiologiques, les autres besoins ne devenant des exigences que si on les voit tels dans notre esprit. Lucien Auger fait très bien cette distinction, dans son livre *L'amour, de l'exigence à la préférence*: «Il est correct, quant à la langue, de dire: «J'ai besoin de manger» et de dire: «J'ai besoin d'un verre de bière», mais on voit tout de suite que la première phrase exprime une réalité de fait pour la conservation de la vie, alors que la seconde ne peut exprimer qu'une préférence, un désir ou un goût pour un élément dont la présence n'est pas, en réalité, indispensable (ni même, sans doute, très utile!) au maintien de l'existence. Il y a donc un grand avantage à distinguer clairement ces diverses acceptions du mot «besoin», sous peine de tomber dans une confusion qui n'a pas que des conséquences linguistiques, mais risque d'en amener des psychologiques. C'est ce qui risque de se produire quand, sans y prendre garde, une personne définit comme un besoin, entendu dans le sens d'exigence, ce qui n'est en réalité qu'une préférence ou un goût. On ne peut que se féliciter du fait que la nature de l'homme soit telle qu'il n'a, en fait, que fort peu de besoins-exigences, même s'il a un nombre incalculable de besoins-désirs » (pages 40-41).

De même, Wayne Dyer insiste sur cette distinction dans *Vos zones erronées:* «La recherche de l'approbation n'est une zone erronée que lorsqu'elle devient un besoin au lieu d'être un désir» (page 67).

Il y a d'ailleurs un grand danger à croire que nos besoins doivent être satisfaits par les autres, et c'est celui de devenir motivés de l'extérieur, d'être assujettis aux autres dans notre motivation: «On a établi que, dans notre civilisation, sur cent personnes, soixante-quinze étaient extérieurement motivées et vingt-cinq intérieurement motivées» (Dyer, *op. cit.,* page 160). «Être efficace, cela ne veut pas dire éliminer tous les problèmes de l'existence mais substituer le contrôle interne au contrôle externe» (Dyer, *op. cit.,* page 163).

Maslow oublie encore qu'il est important de distinguer désir et exigence lorsqu'il parle d'une tendance des stoïciens, des théologiens, des auteurs en philosophie politique et en économie: «Pour caractériser les tenants de ces tendances, on peut dire qu'ils considèrent le désir ou la pulsion comme un désagrément ou même comme une menace et par conséquent ils essaient généralement de s'en débarrasser, de le nier ou de l'éviter. Ces affirmations correspondent à ce qui se passe souvent dans la réalité. Les besoins physiologiques, les besoins de sécurité, d'amour, de respect, d'information sont perturbants pour beaucoup de gens; ils créent des difficultés psychiques et posent des problèmes, spécialement à ceux qui ont eu des expériences malheureuses en voulant y répondre et à ceux qui ne peuvent arriver à y apporter une réponse » (*Vers une psychologie de l'être,* page 31).

Les stoïciens ne nient pas le désir, puisqu'ils cherchent eux-mêmes à combler leur désir de bonheur et utilisent le moyen qui, selon eux, est le meilleur pour y arriver, mais ils combattent la tendance qu'ont les humains à en faire des exigences: le premier principe du stoïcisme se situe en effet dans l'action pour tout ce qui dépend de nous, et l'action ne peut être initiée sans avoir un désir à sa source. Quant au second principe du stoïcisme, l'acceptation pour les choses qui ne dépendent pas de nous, il ne constitue pas une négation du désir, mais plutôt du caractère irréaliste de certains désirs lorsque des désirs deviennent des exigences dans notre esprit.

Un autre point de confusion dans la théorie de Maslow est éclairci par l'approche émotivo-rationnelle, et c'est un point d'interrelation entre la réalité et la pensée, entre des événements qui sont l'occasion de certaines émotions désagréables et les idées que l'individu a de ces mêmes événements. On sait que la véritable cause des émotions se trouve dans les idées et non dans les événements extérieurs, même si les deux doivent être réunis pour que l'émotion désagréable existe. Or, si vous supprimez l'occasion de l'émotion désagréable, il est évident que vous supprimez en même temps l'émotion elle-même, mais l'idée sous-jacente à l'émotion peut très bien demeurer en permanence dans l'esprit de l'individu et attendre la prochaine occasion pour causer une nouvelle émotion désagréable.

Or, cette distinction entre occasion et cause d'une émotion désagréable manque dans la théorie de Maslow: «Qu'est-ce qui rend les gens névrosés? Ma réponse, qui apporte, je pense, un changement et un progrès par rapport à la réponse analytique classique, est que la névrose semble, quant à son origine et pour l'essentiel, une maladie déficitaire: elle apparaît du fait de la privation de certaines satisfactions dont on a besoin autant que l'on a besoin d'eau, d'acides aminés, de calcium, et dont l'absence provoque aussi la maladie. Dans la plupart des névroses on trouve, à côté d'autres causes complexes, des désirs insatisfaits concernant la sécurité, la propriété, l'identification, les relations affectives, la considération et le prestige. J'ai acquis cette conviction en douze années de pratique et de recherche psychothérapiques et vingt années d'étude de la personnalité. On peut le vérifier tout en administrant la thérapie de remplacement: lorsque les manques sont comblés, la maladie tend à disparaître» (*Vers une psychologie de l'être,* page 23). En regard de ces affirmations de Maslow, il est avantageux de voir que les besoins psychologiques insatisfaits ne peuvent causer la maladie que s'ils deviennent des exigences plutôt que de simples désirs.

Toutefois, Maslow arrive presque à la distinction entre désir et exigence lorsqu'il dit: «Les personnalités en voie de réalisation de soi n'ayant pas besoin habituellement d'abstraire les qualités gratifiantes des gens auxquels elles ont affaire ni de les considérer comme des outils, il leur est possible de prendre à leur égard une attitude qui n'évalue pas, ne juge pas, n'intervient pas, ne condamne pas, d'être à leur endroit sans choix et sans désir. Cela permet une appréhension beaucoup plus pertinente et une compréhension bien plus réelle. C'est ce type de perception détachée, non engagée, que doivent essayer d'avoir les médecins et les psychothérapeutes, et c'est elle qu'atteignent sans la rechercher les personnalités en voie de réalisation de soi» (*Vers une psychologie de l'être,* page 46).

Regardez combien Maslow se rapproche des stoïciens et de l'approche émotivo-rationnelle lorsqu'il parle de l'absence de besoins, donc de l'absence d'exigences: «Il y a certains avantages théoriques à parler maintenant de l'absence de lutte et de l'absence de besoin et à prendre ce thème comme centre de notre étude. Dans le sens que nous avons dit précédemment, la personne qui réalise une expérience paroxystique devient dans une certaine mesure non motivée, spécialement en ce qui concerne les besoins de combler un manque. Dans le même sens, on peut dire que l'identité réalisée pleinement se caractérise par l'absence de lutte, l'absence de besoin, l'absence de désir. C'est-à-dire par le fait d'avoir dépassé les besoins et les buts du lot commun. Celui qui en est là existe, un point, c'est tout. La joie étant atteinte, il n'y a plus à lutter pour le moment, pour atteindre la joie. Quelque chose d'analogue a été dit à propos des individus en voie de réalisation d'eux-mêmes. Les choses vont d'elles-mêmes, se présentant sans effort, sans recherche effrénée. (...) Je dis qu'à ce niveau la personne est comme un dieu, parce que l'on considère que la plupart des dieux n'ont ni besoin, ni désir, ni déficience, qu'il ne leur manque rien, qu'ils sont gratifiés en toutes choses. Les caractéristiques et le mode d'action des dieux les plus hauts, les meilleurs, sont déduits de cet état fondamental d'absence de besoins» (*Vers une psychologie de l'être,* pages 126-127).

Ne trouvez-vous pas que ce dernier texte de Maslow se rapproche étrangement du texte suivant d'Epictète, donc du stoïcisme: «Souviens-toi que tu dois te comporter comme dans un festin. Le plat qui circule arrive-t-il à toi? Tends la main et prends modérément. Passe-t-il loin de toi? Ne le recherche pas. Tarde-t-il à venir? Ne jette pas de loin sur lui ton désir, mais patiente jusqu'à ce qu'il arrive à toi. Sois ainsi pour tes enfants, ainsi pour ta femme, ainsi pour les charges publiques, ainsi pour la richesse, et tu seras un jour digne d'être le convive des Dieux. Mais si tu ne prends rien de ce que l'on te sert, si tu le considères avec indifférence, tu seras alors non seulement le convive des Dieux, mais tu deviendras aussi leur collègue» *(Manuel d'Epictète,* page 213).

Finalement, Maslow ne se rapproche-t-il pas encore davantage du stoïcisme et de l'approche émotivo-rationnelle lorsqu'il affirme que «la réalisation de soi exige à la fois la contemplation et l'action» (*Vers une psychologie de l'être,* page 136)? On peut relier cette affirmation aux deux grands principes du stoïcisme et de l'approche émotivo-rationnelle, l'action pour tout ce qui dépend de nous, et l'acceptation pour tout ce qui ne dépend pas de nous.

Chapitre X

La courbe du bonheur
au travail

J'ai donc refait avec vous mon cheminement vers le bonheur. Et je ne suis plus le même Jules que vous auriez pu connaître il y a plusieurs années. Je suis devenu plus serein, épanoui, tolérant envers moi-même et envers les autres, en même temps que plus déterminé et plus actif que jamais, en ayant soin toutefois de toujours m'orienter vers des objectifs précis. Et je m'aperçois en même temps que, même si je demeure très occupé, tout m'est devenu plus facile et il m'est agréable de travailler: j'en ai toujours le goût. Et pourtant, je paye souvent le prix de mon bonheur en sacrifiant des bonheurs passagers pour continuer à marcher dans ma ligne d'un bonheur à long terme, car j'ai constaté que c'est moi qui suis responsable de ma courbe du bonheur, à mon travail comme d'ailleurs dans ma vie personnelle. C'est moi qui la fabrique à chaque jour.

Le bonheur au travail peut en effet être représenté sous forme de graphique, comme je l'ai fait au chapitre II. Il est alors inexact de parler de la courbe du bonheur, car cela supposerait que la courbe de mes exigences coïncide toujours exactement avec la courbe de la réalisation de mes désirs, ce qui est possible mais quand même extrêmement rare. Il est plus probable que la courbe de mes exigences et la courbe de la réalisation de mes désirs présentent un écart, parfois considérable, et c'est cet écart qui représente graphiquement mon bonheur ou mon malheur, selon que la courbe de mes exigences est en dessous ou au-dessus de la courbe de la réalisation de mes désirs.

Reprenons donc nos graphiques du chapitre II en y décrivant cette fois mes exigences et mes désirs d'argent et de salaire:

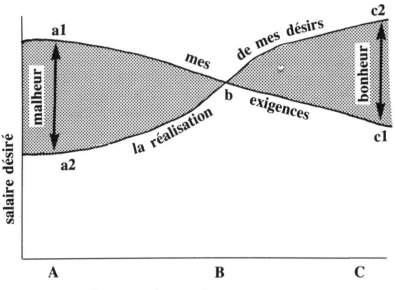

temps: en jours, mois, années, etc.

Comme il s'agit de salaire, je peux plus facilement quantifier ce que j'exige en salaire dans mon for intérieur, et dans quelle mesure je peux réaliser mes désirs de salaire. Et je serai heureux ou malheureux selon que mes attentes seront comblées ou dépassées, ou qu'elles ne seront pas réalisées ou seulement partiellement réalisées. Ainsi, au moment A de ma vie, j'exigeais intérieurement un salaire a1, alors que je ne réussissais à obtenir que le salaire a2 et cela me rendait très malheureux car je me disais intérieurement que c'était une chose abominable et vraiment atroce. Au moment B de ma vie, mes exigences b de salaire correspondaient exactement au salaire b que j'obtenais dans la réalité, et j'en étais heureux. Toutefois, suite à mes difficultés, mes exigences de salaire avaient baissé quand je fus rendu au point C de ma vie: je n'exigeais que c1 de salaire alors que j'ai obtenu c2, ce qui me rendit plus satisfait que jamais de mon salaire. On voit avec évidence, d'après ce graphique, que j'étais beaucoup plus heureux de mon salaire au moment C de ma vie, par rapport au moment B, puisque le bonheur est représenté par l'écart entre les deux courbes.

On peut représenter ainsi chacune des sphères d'exigences et de réalisation de désirs pouvant se retrouver dans mon milieu de travail: relations avec mon patron, relations avec mes subordonnés, relations avec mon groupe de travail, statut et prestige, etc. Ainsi, mon bonheur global au travail sera représenté par l'écart entre l'ensemble des courbes particulières d'exigences et l'ensemble des courbes particulières de réalisation de mes désirs. Il est, bien sûr, extrêmement difficile de quantifier tout ça, car tous ces éléments ne peuvent se quantifier aussi facilement que l'élément salaire, mais ce qui compte ici c'est la représentation graphique qu'on peut en faire, pour mieux se représenter l'importance du conditionnement psychologique que je dois entreprendre si je veux atteindre, maintenir et développer ma stabilité émotive.

Il y a en réalité peu de choses importantes dans la vie et elles se résument toutes à un plus grand bonheur individuel, grâce à un meilleur accomplissement de soi-même dans «l'égoïsme altruiste» qui nous facilite la réalisation de nos objectifs. Nous avons alors avantage à développer nos forces puisque ce sont elles qui nous permettent de travailler plus efficacement sur nos objectifs. Ces forces ne sont-elles pas simplement «un esprit sain dans un corps sain» selon les paroles de Juvénal? Ne retrouve-t-on pas en effet une partie de la recette du bonheur dans un bon équilibre physique et dans un bon équilibre psychologique, lesquels servent à mieux réaliser des objectifs qui, en retour, contribuent eux aussi au meilleur équilibre physique et psychologique?

Or, si l'on reconnaît aujourd'hui l'importance du conditionnement physique, et qu'on croit de plus en plus qu'il doit être pris en mains par chacun, il en est peu qui croient qu'on doit agir exactement de la même manière pour le conditionnement psychologique et que c'est possible. Comme il y a influence réciproque entre le corps et l'esprit, les deux sont d'une importance primordiale si l'on veut réaliser des objectifs et être heureux. Il est donc urgent dans notre société en général, et au moins aussi urgent dans nos milieux de travail, de travailler nous-mêmes à notre propre conditionnement psychologique et de cesser de nous confier passivement à des psychiatres et à des psychologues pour leur remettre l'administration de notre vie et de notre bonheur ou de trouver l'évasion dans l'alcool et les médicaments, lesquels deviennent alors des besoins-exigences.

Relativement peu de psychologues enseignent la vraie prise en mains de l'individu par soi-même, car ils se voient eux-mêmes comme des guérisseurs plutôt que comme des aidants, alors qu'ils voient leurs clients comme «patients» et passifs, sans compter l'intérêt pécunier qu'il y a à créer l'achalandage et à maintenir sa clientèle. Heureusement que, en contrepartie, un grand intérêt a été développé dans le public pour les livres de psychologie, de telle sorte que les systèmes de psychologie favorisant vraiment la prise en mains de l'individu par lui-même se développent rapidement et se répandront de plus en plus dans les milieux de travail.

Cette dernière option est celle de l'approche émotivo-rationnelle, l'approche la plus simple et la plus efficace que je connaisse car elle favorise la maîtrise de soi dans une période relativement courte pour l'individu qui pratique la confrontation de façon assidue. La confrontation est en effet une forme particulière de méditation très active qui permet le remplacement d'idées irréalistes par la réalité, ce qui libère l'individu et lui permet de mieux se concentrer sur ses objectifs. Comme l'individu parvient très vite à l'autonomie, et qu'il s'agit en fait d'une psychothérapie prise en mains par l'individu lui-même, il y a maintenant possibilité pour les entreprises de réaliser le rêve dont parlait Douglas MacGregor dans son livre *La dimension humaine de l'entreprise* quand il indiquait que tous les gestionnaires des entreprises devraient suivre une psychothérapie. Or, ce rêve de MacGregor serait impossible à réaliser si l'on s'en tenait aux formes de psychothérapie traditionnelle à cause des coûts énormes impliqués. Toutefois, il devient possible et même facile à réaliser avec l'approche émotivo-rationnelle car il suffit de quelques jours de cours pratiques pour appliquer la théorie émotivo-rationnelle au domaine de la gestion, à des coûts minimes pour les entreprises et avec une efficacité surprenante.

Appliquée au domaine de la gestion, l'approche émotivo-rationnelle part du postulat que tous les êtres humains sont égaux et que leur valeur ne change jamais, peu importe ce qu'ils font de leur vie. S'il y a des actes qui sont bons ou mauvais quand on les évalue d'après le critère moral des objectifs de l'entreprise, ces actes se distinguent de la personne qui les pose et ne peuvent en aucun cas servir à évaluer la personne elle-même. Le point de référence est en effet toujours la réalité, et la réalité n'est en aucune façon évaluatrice. C'est ce qui fait de l'approche émotivo-rationnelle une approche non manipulatrice, une approche qui consacre le respect total des êtres humains les uns par rapport aux autres. Le respect consiste à croire que les autres ont le droit d'être différents, de faire leurs propres choix et d'en subir les conséquences, ce qui ne nous empêche pas de les aider à atteindre leurs propres objectifs. On évitera de la sorte le piège dans lequel sont tombées quantité d'approches psychologiques appliquées au milieu de travail, lesquelles supposaient souvent que les gestionnaires étaient en santé psychologique alors que leurs subordonnés étaient malades. Or, la réalité est plutôt que tout le monde est à peu près au même point dans les milieux de travail en ce qui concerne la santé psychologique. Albert Ellis, le grand psychologue américain qui a ressuscité le stoïcisme dans la philosophie émotivo-rationnelle, ne dit-il pas en effet, lorsqu'on lui demande quel pourcentage de la population américaine est névrosé, que ce pourcentage approche les 100%? En effet, nous sommes tous un peu portés, dans la pratique, à prendre les mauvais moyens pour atteindre nos objectifs, ce qui, précisément, constitue une bonne définition de la névrose.

Or, même si tout le monde en est à peu près au même point sur ce plan, il est évidemment plus urgent d'enseigner cette approche aux gestionnaires d'abord, à cause de leur influence et de l'effet multiplicateur de leurs gestes dans les milieux de travail. Ayant eux-mêmes une responsabilité primordiale dans la coordination des objectifs de leur entreprise, ils ont grand intérêt à apprendre et à développer la maîtrise de soi, maîtrise essentielle pour une plus grande fermeté dans la poursuite des objectifs de l'entreprise. Nous sommes placés ici devant le paradoxe suivant: pour cesser de diriger par les émotions et enfin diriger objectivement, nous devons d'abord apprendre à connaître et à maîtriser nos émotions. Curieux paradoxe en effet: n'avez-vous pas souvent constaté que ceux qui préconisent de ne jamais parler d'émotions dans les milieux de travail le font eux-mêmes avec beaucoup d'émotion et peuvent être emportés par la colère en disant qu'*il faut* diriger sans émotions et que *les autres ne devraient pas être émotifs?*

Comme le dit si bien Lucien Auger dans *Vivre avec sa tête ou avec son coeur:* «La vie humaine entière ne se compose finalement que de trois éléments: les idées, les émotions et les actions, et ces trois éléments sont en fait étroitement liés. Il s'ensuit que si l'on arrive, d'une manière ou d'une autre, à modifier l'un de ces éléments, les autres en seront au moins partiellement affectés» (page 89).

Vous pouvez d'ailleurs retrouver ces trois éléments dans notre graphique du bonheur. Les exigences consistent en effet dans l'idée que la réalité devrait être soumise à notre autorité. De telles exigences nous causent toujours des émotions désagréables nous rendant moins efficaces dans nos actions. Par ailleurs, nos désirs sont des idées qui peuvent être réalisées, surtout lorsqu'elles ne se transforment pas en exigences, quand des actions sont entreprises et répétées pour les accomplir. En même temps, les actions réussies et les désirs réalisés produisent généralement des émotions agréables, ce qui renforce encore notre pouvoir d'action. On peut ainsi cheminer vers un plus grand bonheur, au travail comme ailleurs, en en comprenant mieux les composantes.

Mais ce bonheur n'est pas gratuit. Il y a un prix à payer pour tout, que ce soit en argent, en efforts, en sacrifices sur une période plus ou moins longue et en contestations de la part de son entourage, mais il en vaut la peine. Il constitue le meilleur gage de succès à long terme, succès qui consiste d'abord à réussir sa propre vie en s'assurant un bon équilibre physique et un bon équilibre psychologique grâce à la réalisation de choses qui existent en dehors de nous. En effet, les plus grandes réussites arrivent lorsqu'on s'oublie soi-même pour se donner entièrement à quelque chose d'extérieur, un objectif, une mission, une vocation. C'est le paradoxe de celui qui gagne sa vie en la donnant, de celui qui devient riche en étant dégagé des richesses, de celui qui est aimé de tous alors qu'il ne recherche l'approbation de personne.

On voit en même temps que le bonheur est essentiellement subjectif. Cet aspect du bonheur est en effet bien illustré dans notre graphique, nos exigences et nos désirs étant eux-mêmes essentiellement subjectifs. Et même la réalisation de nos désirs intervient dans le sens de la perception que nous pouvons nous-mêmes en avoir, de telle sorte que nous pouvons être heureux même si les autres croient que nous n'avons pas réalisé nos désirs, en autant que nous ne faisons pas nôtre leur croyance. Cette question de notre perception personnelle à la base du bonheur est ainsi rendue par Lucien Auger dans *Vivre avec sa tête ou avec son coeur:* «Cependant, il est inexact de conclure que toute idée irréaliste cause des émotions désagréables. Au moins à courte échéance, certaines idées fausses peuvent causer beaucoup de joie et de bonheur. Ainsi en serait-il si on vous annonçait une «bonne» nouvelle, par exemple que vous avez gagné le gros lot à la loterie. Il est probable que vous ressentiriez alors beaucoup de joie, causée par la *croyance* que vous avez de fait gagné beaucoup d'argent et que cela constitue une excellente affaire pour vous. Si vous n'aviez qu'une seule de ces deux idées («J'ai gagné, mais quelle mauvaise affaire!» ou: «Je n'ai pas gagné, mais comme cela serait une bonne affaire!»), vous ne ressentiriez pas de joie. Il vous faut croire à la fois ces deux idées pour parvenir à ressentir de la joie » (page 15).

Les exigences sont donc essentiellement des évaluations de l'esprit, évaluations qui font des catastrophes de tout ce qui ne répond pas aux obligations mentales que nous nous donnons. C'est pourquoi l'on peut ramener à cette seule idée irréaliste les dix idées irréalistes décrites par Albert Ellis, car elles constituent toutes des exigences sous un aspect ou l'autre.

Voyons un peu ces dix idées irréalistes telles que reprises par Lucien Auger dans *S'aider soi-même* (pages 155-156) et regardons comment elles sont toutes, en fin de compte, des exigences:

1- «Il est terriblement nécessaire pour un adulte d'être aimé et approuvé par presque toutes les personnes importantes de son entourage»: exigence d'approbation et d'amour;

2- «Un être humain doit être profondément compétent, adéquat et capable d'atteindre ses objectifs, sous tous les aspects possibles, pour pouvoir se considérer comme valable»: exigence de perfection pour soi-même;

3- «Certaines personnes sont mauvaises, méchantes, vicieuses, et elles doivent être sévèrement blâmées et punies pour leur méchanceté»: exigence de perfection et de justice dans le monde;

4- «Cela est affreux et catastrophique quand ça ne va pas comme on le souhaiterait?: la définition même de l'exigence;

5- «Le bonheur humain trouve sa source à l'extérieur de l'homme et nous n'avons que peu ou pas de contrôle sur nos chagrins et nos troubles émotifs»: exigence que le monde soit à nos pieds pour nous rendre heureux;

6- «Si quelque chose est ou peut devenir dangereux ou effrayant, on doit s'en préoccuper terriblement et se tracasser sans arrêt avec cette éventualité»: exigence que l'avenir ne présente pour nous aucun danger et nous soit toujours favorable, donc encore une exigence de perfection de vie;

7- «Il est plus facile de fuir les difficultés de la vie et de tenter d'échapper à ses responsabilités que d'y faire face»: exigence de la facilité;

8- «La vie passée de l'homme est le déterminant suprême de son action présente et, parce qu'un élément a déjà dans le passé affecté profondément sa vie, il est inévitable que cette influence dure toujours»: exigence d'un passé parfait.

9- «Il existe toujours une solution bonne, précise et parfaite aux problèmes humains, et c'est une catastrophe de ne pas trouver cette solution»: exigence que la réalité soit différente de ce qu'elle est;

10- «Le plus grand bonheur humain peut être atteint par l'inertie et l'inaction»: exigence du bonheur par la passivité.

Si nous pouvons diminuer notre niveau d'exigence, et cela est possible grâce à la confrontation, nous faisons un grand pas vers le bonheur, mais cela ne suffit pas. Il faut de plus passer à l'action afin de réaliser nos désirs le mieux possible. Faire des confrontations et combattre nos idées irréalistes constitue déjà une action, mais il faut de plus se réaliser soi-même en réalisant des choses extérieures à nous. Donc agir, et toujours agir, dans le sens d'objectifs qu'on se donne. C'est une démarche perpétuelle. Ce n'est pas demain que tu pourras bâtir demain: ton chemin se construit en y travaillant dès aujourd'hui. La vie est un éternel apprentissage, une entreprise de construction qui ne cesse de s'agrandir, comme l'arbre ajoute à chaque année un cercle à sa croissance, et cela jusqu'à sa mort.

Aussi bien, donc, prendre nous-mêmes en mains notre croissance et nous donner des objectifs. Intégrer en nous les objectifs de notre entreprise, car il y a de bonnes chances que notre croissance soit meilleure s'il y a croissance réelle de notre entreprise. Nous impliquer. Cesser de croire que la vie et les autres doivent nous faire des cadeaux. Et ne jamais cesser de bâtir notre avenir: c'est encore la meilleure façon d'être heureux dans le présent, à la condition de ne pas exiger de la vie des choses qu'elle ne peut nous donner. On n'obtient de la vie qu'en autant qu'on y investit. Imagine-toi alors combien tu seras heureux si, tout en n'exigeant rien de la vie, tu y investis constamment, par ton imagination et tes efforts de pensée et d'action, car tout ce que tu pourras en retirer sera alors du profit net. C'est pourquoi le graphique du bonheur idéal pourrait représenter des exigences-zéro et des réalisations parfaites de nos désirs, comme suit:

la réalisation parfaite des désirs

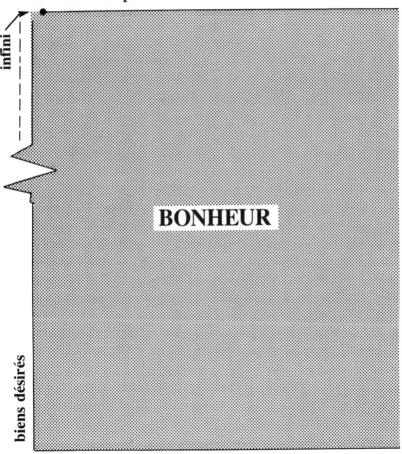

courbe d'exigences = zéro

Mais le bonheur parfait n'est pas de ce monde. Et c'est pourquoi notre démarche d'accomplissement personnel doit être constante, en travaillant toujours à diminuer nos exigences et à réaliser nos désirs.

Tu veux être heureux à ton travail? N'exige rien, mais tu peux désirer beaucoup, si tu le veux, et te fixer des objectifs élevés. Sache toutefois que tes désirs ne seront réalisés qu'en y mettant le prix.

Bibliographie

Auger, Lucien, *S'aider soi-même,* Éditions de l'Homme, Montréal, 1974.

Auger, Lucien, *L'amour, de l'exigence à la préférence,* Éditions de l'Homme, Montréal, 1979.

Auger, Lucien, *Vivre avec sa tête ou avec son coeur,* Éditions de l'Homme, Montréal, 1979.

Conseil des Affaires Sociales et de la Famille, gouvernement du Québec, *Médicaments ou potions magiques?,* Québec, 1982.

D'Aragon, Tarrab et Nightingale, *La participation dans les entreprises,* Les Presses de L'Université du Québec, Québec, 1980.

Dolan, S. et Arsenault, A., *Stress, santé et rendement au travail,* monographie no 5, École de relations industrielles de l'Université de Montréal, Montréal 1980.

Drucker, Peter F., *The Effective Executive,* Harper & Row, New York, 1966.

Drucker, Peter F., *Managing for Results,* Harper & Row, New York, 1964.

Drucker, Peter F., *The Practice of Management,* Harper & Row, New York, 1954.

Drucker, Peter F., *Management: tasks, responsibilities, practices,* Harper & Row, New York, 1973.

Drucker, Peter F., *Managing in Turbulent Times,* Harper & Row, New York, 1980.

Dyer, Dr Wayne W., *Vos zones erronées,* Éditions Sélect, Montréal, 1977.

Ellis, Albert, *Executive Leadership, a Rational Approach,* Citadel Press, Secausus, N.J., 1972.

Houde, Eugène, *Émotivité et efficacité au travail,* Éditions de l'Homme, Montréal, 1982.

Houde, Eugène, *Aider mon patron à m'aider,* Éditions de l'Homme, Montréal, 1982.

MacGregor, Douglas, *La dimension humaine de l'entreprise,* collection Hommes et Organisations, Gauthier-Villars, Paris, 1976 (une traduction de *The Human Side of Enterprise,* McGraw Hill, New York, 1960).

Mahaux, Raphaël, *Gaspillage du capital humain dans l'entreprise,* Marabout Monde Moderne, Verviers, Belgique, 1974.

Maisonneuve, Jean, *Les sentiments,* collection Que Sais-je, Presses Universitaires de France.

Marc-Aurèle, *Pensées pour moi-même* (conjointement avec le *Manuel d'Epictète),* Garnier-Flammarion, Paris, 1964.

Maslow, Abraham, H., *Motivation and Personality,* 2ème édition, 1970, Harper & Row, New York.

Maslow, Abraham H., *Vers une psychologie de l'être — l'expérience psychique,* Fayard, 1972 (traduit de l'américain: *Toward a Psychology of being,* Litton Educational Publishing Inc., 1968).

Townsend, Robert, *Au-delà du management,* B. Arthaud, Paris, 1970 (traduit de l'américain: *Up the Organization,* Alfred A. Knopf Inc., New York).

Des sessions de formation
préconisant l'application
de cette philosophie en
milieu de travail sont
organisées par:
Formation 2000 Inc.
7495 Marisa,
BROSSARD, Qué., Canada J4Y 1J7
Téléphone: (514) 656-8269
Télécopieur: (514) 656-9206.

Table des matières

Les autres oeuvres du même auteur sont décrites dans les pages suivantes et peuvent toutes être obtenues chez

Formation 2000 Inc.
7495, rue Marisa
Brossard, Qué.
Téléphone: (514) 656-8269
Télécopieur: (514) 656-9206

Eugène Houde

Courage
et discipline
au travail

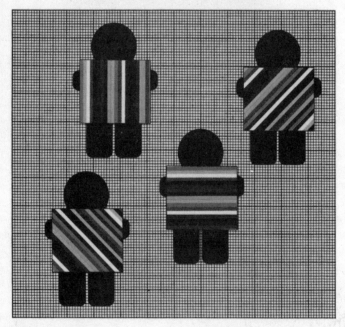

LES ÉDITIONS DE
L'HOMME

FORMATION 2000 Inc.

Par quelle magie les Einstein, Kennedy, Helen Keller et Mère Teresa parviennent-ils à réaliser leurs plus grands rêves? Quels mystérieux ingrédients assurent la réussite de tous les grands de ce monde?... *Le courage* et *la discipline*, le courage qui nous fait choisir un objectif et persévérer malgré les embûches, et la discipline qui nous conduit à poser tous ces petits gestes quotidiens, anodins en apparence, qui transforment peu à peu nos habitudes... et notre vie.

Dans ce quatrième ouvrage, l'auteur pousse encore plus loin son analyse du bonheur et de l'efficacité au travail en s'inspirant de la vie de personnages illustres qui ont accompli de grandes oeuvres au prix de non moins grands efforts. Car c'est là en effet que se trouve la clé du succès: *il y a un prix à payer pour chacun de nos rêves* et aucun de nos projets ne peut être mené à terme sans cette somme d'efforts soutenus et sans le désir profond de servir les autres.

Eugène Houde

Aider
mon patron
à m'aider

 LES ÉDITIONS DE
L'HOMME

 cim

Vous êtes insatisfait de votre patron? La solution n'est peut-être pas de le quitter et de vous lancer à la recherche du patron idéal, parfait sur tous les plans et surtout dans ses rapports avec ses employés. Les relations patron-employé ne doivent pas se faire à sens unique. Vous pouvez améliorer votre influence auprès de votre supérieur. Ce livre d'Eugène Houde vous y aidera.

Dans un premier ouvrage, *Émotivité et efficacité au travail*, l'auteur indiquait aux gestionnaires ce qu'il faut faire pour diriger efficacement des employés et comment réussir à le faire. Il procède ici à l'inverse et explique aux employés ce qu'il faut faire pour diriger efficacement leur patron, et comment y parvenir en ne perdant jamais de vue que toute action dans l'entreprise est guidée par les objectifs de cette entreprise.

Partant du principe qu'un patron est le premier assistant de son subordonné et favorisant l'approche émotivo-rationnelle mise au point par Lucien Auger, Eugène Houde démontre que l'employé a tout intérêt à développer la maîtrise de lui-même pour mieux "aider son patron à l'aider" et obtenir ainsi de meilleurs résultats au travail.

Eugène Houde

Émotivité
et efficacité
au travail

Préface de Lucien Auger

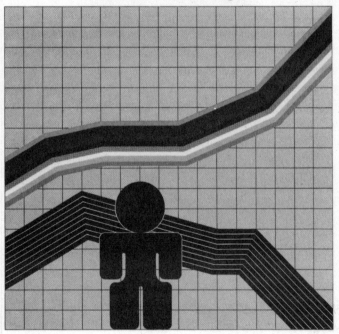

FORMATION 2000 Inc.

L'administrateur ou le gestionnaire n'est pas un robot, une mécanique humaine uniquement intéressée à la production et ignorant totalement les contacts personnels.

Ni insensible, ni invulnérable il peut facilement céder sous le stress lié à l'exercice de ses fonctions et devenir la proie de l'anxiété, l'hostilité, la dépression, le sentiment d'infériorité.

Comme tous les autres êtres humains, c'est sous le coup de l'émotion que le gestionnaire passe à l'action. Il a donc tout intérêt à contrôler le flot des émotions qui l'incommodent en les identifiant mieux.

La mise en pratique des enseignements contenus dans ce livre lui apprendra à accomplir son travail d'une manière moins harassante et favorisera chez lui les bienfaits d'une bonne digestion plutôt que l'apparition redoutée des ulcères gastriques.

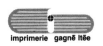

imprimerie gagné ltée

IMPRIMÉ AU CANADA